PROFESSIONAL TRAINER
THE WAY OF PRACTICE

职业培训师
修炼之道

周正勇 周彪 编著

中国铁道出版社
CHINA RAILWAY PUBLISHING HOUSE

图书在版编目（CIP）数据

职业培训师修炼之道 / 周正勇，周彪编著. —北京：中国铁道出版社，2017.2
ISBN 978-7-113-22381-6

Ⅰ. ①职… Ⅱ. ①周… ②周… Ⅲ. ①企业管理—职工培训 Ⅳ. ①F272.92

中国版本图书馆CIP数据核字（2016）第234800号

书　　名：职业培训师修炼之道
作　　者：周正勇　周　彪　编著

策　　划：王　佩　　**读者热线：**010-63560056
责任编辑：杨新阳　　**封面设计：**MXK DESIGN STUDIO
责任印制：赵星辰

出版发行：中国铁道出版社（北京市西城区右安门西街8号　　邮政编码：100054）
印　　刷：北京鑫正大印刷有限公司
版　　次：2017年2月第1版　　2017年2月第1次印刷
开　　本：700mm×1000mm　1/16　**印张：**14.75　**字数：**232千
书　　号：ISBN 978-7-113-22381-6
定　　价：45.00元

前 言

2015年，一个热名词“新常态”拨动了企业竞争压力的心弦，迫使企业管理需要提升，以应对渡过经济低迷的难关。因此，市场上对培训师的需求量有所增加，加之媒体把培训师的重要性放大，于是导致大量人员涌进培训师队伍。但是由于行业本身还不是很成熟，而企业对培训师的认识也不够深入，因此导致大量培训师处于尴尬的境地。

培训师岗位对综合能力的要求非常强。除了要掌握基本的产品技能以外，更需要有敏锐的商业嗅觉，思考、分析、解决问题的能力，以及和人打交道、沟通、协调的执行力。而这些非技能的知识经验，没有标准化的培训体系承载，更多的是要靠大家的实践、领悟和沉淀。

各大公司积累的宝贵经验、心得仅仅流通于线下，这样导致了大量缺少环境和良师资源的朋友想要系统地学习培训却没有门路，只能苦苦摸索。尽管市面上有一些关于培训方法论的书籍，但在不同的公司背景和培训定位下，有些方法论又很难进行沿用。

在这个背景下，我产生了写《职业培训师修炼之道》这本书的想法。我认为很有必要把我对培训的理解写出来，分享给更多有需要的朋友，给大家一点点启发。每个培训师都会经历成长到蜕变的过程，所以这本书定位为有一定的产品经验，希望从量变寻求质变的朋友。

本书通过互动分析式的口吻，使读者在看书的过程中进行同步思考。让大家对培训师有一个客观的认识，对培训师必须具备的课程规划能力、课程设计能力、课程执行能力，形成系统的认识，并且可以结合实际的工作环境学以致用。

本书的特点：围绕培训中已有的几个方面进行知识的结构化的梳理；运用大量总结性的观点解释日常发生的产品现象和问题背后的原因，帮助读者从知其然到知其所以然；抛弃冗长的描述，采用精辟的语言，结合案例进行阐述。用简单的故事，讲解深远的道理。

本书共六章：考虑到大家所处的阶段不同建议：入门级、初学级的培训师，主要学习第一章至第三章，这三章贴近实际操作；有一定经验或一线的培训师，可以学习第四章至第六章，这三章涉及全面思考培训课程定位，以及更深层次思考如何进行培训规划等内容。

由于本人水平有限，书中如有不妥之处，还请各位读者指正，欢迎大家提出宝贵意见和建议！

编 者

2016 年 11 月

目 录

第 1 章 从入门到精通，解读培训师 1
1.1 为什么很多 HR 选择做培训师 2
1.2 培训师的金字塔分布 5
1.2.1 按照职能划分 5
1.2.2 按照特质划分 7
1.3 走出培训的几个误区 9
1.3.1 理性看待培训师 9
1.3.2 很难人人都是培训师 12
1.3.3 不切实际地抱怨薪水 13
1.4 企业青睐什么样的培训师 13
第 2 章 培训师应具备的能力 17
2.1 课程开发能力 18
2.1.1 培训需求调查的流程和方法 18
2.1.2 课程开发的模型和工具 37
2.1.3 案例组织的原则和方法 55
2.2 冰山能力模型 69
2.2.1 做什么 69
2.2.2 有什么价值 71
2.2.3 为什么要做 72
2.2.4 如何做到 75
2.3 心智能力模型 82
2.3.1 培训师的心态 82
2.3.2 培训师的思维方式 85
第 3 章 从资源到机会，规划课程蓝图 91
3.1 认识培训需求 92
3.1.1 什么是培训计划 92

3.1.2 培训计划要做什么 92
3.2 培训计划核心4问 101
3.2.1 确定课程的名称 101
3.2.2 专业化的课程内容 102
3.2.3 课程内容的设计 104
3.2.4 课程内容的结构化整合 106
3.3 需求处理的基本方法 109
3.3.1 获取信息 109
3.3.2 需求分析 109
3.3.3 需求分析方法 111
3.3.4 需求报告 116
3.4 需求处理的实用技巧 116
3.4.1 不把需要当成需求 116
3.4.2 关注背景条件 117
3.4.3 不把培训形态当成本质 118
3.4.4 学会看懂课程内容 119
3.4.5 回到初衷 119
第4章 从讲师到专家，设计卓越课程 121
4.1 认识培训课程 122
4.1.1 什么是培训课程 122
4.1.2 课程设计做什么 122
4.2 课程设计的基本步骤 124
4.2.1 内容与数据 124
4.2.2 教材收集 125
4.2.3 讲义编写 126
4.2.4 预先演练 134
4.3 课程设计的三大能力 135
4.3.1 概念设计 135
4.3.2 课程效果设计 140
4.3.3 课堂设计 143

4.4 课程设计的八大理念......151
4.4.1 素质类课程的设计......151
4.4.2 技能类课程的设计......155
4.4.3 基于场景匹配设计......158
4.4.4 基于客户价值观设计......164
4.4.5 基于个性化学员设计......169
4.5 课程设计的三大原则......172
4.5.1 新知原则。满足学员对新知的探求......172
4.5.2 哲理原则。完成学员的思维升华......176
4.5.3 情感原则。激发学员的情感共鸣......177
4.6 课程设计的三大技能......180
4.6.1 PPT课件制作的艺术......180
4.6.2 素材的收集与整理......186
4.6.3 培训游戏的恰当应用......192
第5章 从过程到成果，成为职业培训师......195
5.1 加强目标意识......196
5.1.1 目标管理......196
5.1.2 结果的好坏要有奖罚......196
5.1.3 团队的目标要一致......196
5.1.4 找到实现目标的方法......197
5.2 进行有效沟通......200
5.2.1 沟通的价值......200
5.2.2 选对沟通方式......201
5.2.3 掌握沟通路线......203
5.3 真正的高手能平衡各种关系......205
5.3.1 平衡培训与发展的关系......205
5.3.2 平衡培训与战略的关系......206
5.3.3 平衡培训与投资收益的关系......206
5.3.4 平衡培训与人才缺失的关系......207
5.4 课堂必修的四大绝招......208

5.4.1 怯场不可怕，控制有道法 208
5.4.2 掌控课程主题，主动引导 211
5.4.3 突发状况，七大手法应对 217
5.4.4 精彩收尾，学员深省有收获 220
第 6 章 职业培训师修炼心得与方法 221
6.1 培训要满足客户的需求 222
6.2 正确地做事和做正确的事 222
6.3 掌握 PDCA 循环 223
6.4 平衡好速度与完美 224
6.5 看通、看淡、看远 225
6.6 信息、理念、心态 226

1 从入门到精通，解读培训师

1.1 为什么很多HR选择做培训师

有人曾说，摩托罗拉每投入1美元用于培训，便会有30美元的产出。且不论这句话是真是假，对照一下国内培训行业的实际状况，我们掌握的事实是，大部分企业投入30元培训费，却不一定会有1元的产出。为什么会是这样？有人说是因为培训不得其法，也有人说是因为培训不得其人。

如同没有高水平的教练，就不会训练出高水平运动员的道理一样，一个低水平的培训师，又怎能培训出高水平的学员？大多数企业一直苦恼于培训的收效低微，其根本问题不是培训课程不好，也不是学员不够聪明，而是许多培训师没有很好地遵循培训的"三一律"。所谓"三一律"，就是培训如果要收到良好的效果，一定要实现三个方面的转化，形成三位一体化，即:

- 将外在的学习要求转化为学员内在的学习需求;
- 将外在的知识、理念与技能转化为学员内在的素质和能力;
- 将内在的素质和能力转化为外在的行为。

在教和学的过程之中，培训师没有将学习需求、素质和能力、行为习惯三位一体化，没有把握好某些关键的教学转化环节，才造成培训效果不理想的结果。

1. 要求变需求

第一个转化，是将学员外在的学习要求转化为内在的学习需求。外在的学习要求，就是企业或者个人根据自身的发展需要，对适应工作所需要的素质和能力提出的学习要求。例如，对于新来的销售人员，企业首先要求他们要掌握企业及产品的相关知识，同时要学会如何与客户进行电话沟通或者面对面沟通。产品知识和沟通能力就是销售人员所面临的外在学习要求。

而内在的学习需求是为了适应工作和个人的发展需要，掌握特定的知识、理念、技能，因此希望接受的培训。例如，一些销售人员要想拿到更多的订单，更多的提成，就要学习更多的产品知识，学习更多的推销技巧，参加更多的相关培训。这就是内在的学习需求。

当外在要求没有转化为内在需求时，培训很难收到实际效果。例如，公司要求全体员工学办公室英语，但是员工一致认为，学英语毫无用处，甚至是在浪费时间，这样的培训自然不会产生理想的效果。

如何激发学员的学习需求？美国西点军校在新生开学时，先要求他们了解学校的历史，参观位于华盛顿的司令部，使新生在接受正式训练之前就被预热，被感化，之后即使再严格的训练和要求新生都能接受，这就是成功地将外在的学习要求转化成为学员内在的学习需求。

培训师在第一堂课上就必须实现这个转化。一上来就滔滔不绝地讲课，没有让学员先热身，很难把课程有效地进行下去。培训不是灌输，要像西餐中先上开胃酒一样，先把胃口刺激起来，自然增加食欲。一个好的课程，也要先有“开胃酒”，促使学员的外在要求向内在需求转化。

2．知识变能力

第二个转化，是将外在知识、理念与技能转化为学员内在的素质和能力。这就是培训师具体要做的三件事——传授知识、转变理念、训练技能，三者必居其一或者三者兼而有之。将这些知识、理念和技能转化为学员内在的素质和能力，也是培训的主题。

完成转化要防止“知识中毒”，错学不如不学。俗话说“才多不压人”，就是说知识都是有用的，多多益善。其实不然，任何事物都会有两面性，物极必反。食物能给人提供营养，也能使人中毒；知识能充实人的大脑，也能误导人的言行。

美国的一些培训机构认为，中国人的学习热情太高涨了，将来也许会犯错误，甚至会“死得”很尴尬——“不是死于知识饥渴，而是死于知识中毒。”

十几年前，某企业总裁励精图治，使企业得以飞速发展。但是最近 10 年，因为他读错了书，走错了方向，造成企业止步不前。那是一本美国人写的书，书上说对员工要放开，让人们的天性得到充分发挥，所以企业不用规定工作时间。他深以为然，于是在企业里执行。结果员工成了一盘散沙，工作效率直线下降。

这就是盲目学习的结果，准确地说，是不加选择、不加批判地学习而导致的结果。因为，目前我们的生产力水平决定了员工还没有达到较高的自觉性，而且法治还不健全，这时候就开始实行德治，显然违背客观规律。

有一个企业老板带领 9 名干部学习《领导统御之道》，结果学完回去后，这 9 名干部都不服从领导了。因为他们学习了“统御之道”后，就知道如何和老板斗法了。

学了不该学的东西就是知识中毒，所以，未必是每个课程都要学，未必每个人都要学。有好多单位，一有培训，老板也参加，中层干部也参加，连食堂的大师傅也参加，这样的培训有何意义？

所以，将外在知识、理念与技能转化为学员内在的素质和能力时，要特别注意防止知识中毒。有句话说得好，“合适的才是最好的”，要有选择地去学习，有选择地去转化。如何选择？你的痛楚点就是你的学习点。如果你现在最痛苦的是和你的上司搞不好关系，那你拼命学习英语有何用？不如学习一下如何沟通你的上司。

传授知识、转变理念、训练技能的最终目的都是提升学员的素质和能力。这就要求培训师不仅课要讲得好，而且要让学员听得进去。学员收获多少是评估培训师水平的主要指标，所以培训不能只是演讲，演讲不足以带给学员有价值的东西。

3．能力变行为

第三个转化，是将内在的素质和能力转化为外在的行为。这是培训产生绩效的最关键的转化，如果没有这个转化，培训就没有任何意义了。

例如，员工学了顾问式营销技巧，就要将这种技巧运用于实际工作之中，从关键客户的选择、客户沟通、客服策略等各个方面改进自我，提升个人及公司绩效。实现了这一步，培训才能告一段落，才会产生价值。

当然，将素质和能力转化为外在的行为，不是单靠培训师就能做得到的。因为培训师除了在课堂上传授和课后辅导外，基本不会和学员有更多的接触。那么，如何真正实现从内向外的转化？首先，要依靠学员的主观能动性；其次，要靠上级领导的监督指导。学员的上级要负起责任，促使学员将学到的知识转变成外在的生产力。培训效果好不好，要用工作绩效来考核。

这就要求每一位企业领导者都应该是教导者，有责任把员工的素质和能力转化为外在的行为。如果培训之后，学员自己不主动实践，主管不管，老板也不管，怎么会有好的效果呢？

所以，这种转化的关键取决于企业是否真正成为一个学习型组织，而不是单纯地上课。

1.2 培训师的金字塔分布

1.2.1 按照职能划分

培训师的表达能力和培训师的现场组织能力，我们可以称为“演”和“导”，表达是“演”，组织是“导”。培训师还应该具备另一种能力，即课堂的设计能力，我们把它称为“编”。

如果将这三种能力分成两级，那么，一级就是我们前台的表达，二级就是我们后面的设计。而组织工作，也就是“导”的工作，一部分可以归到现场，另一部分可以归到后台。

那么，对于培训师来说，“演”和“编”哪一个更重要呢？有人说表达更重要，因为如果不能有效地表达，那根本就做不了培训师；有人说现场组织更重要，因为如果现场没有很好的组织，就会次序大乱；还有人说，剧本、剧本一剧之本，没有剧本怎么去演呢？所以，“编”才是最重要的。

其实，这三种能力都是很重要的。只是在不同的阶段上，或者说在不同的个体身上，它们的重要性不同。如果我们将培训师分成初级、中级、高级三个层级，那么，在不同的层级上，“编”、“导”、“演”各自所占的比重是不同的，也就是说，对于不同层级的培训师来说，“编”、“导”、“演”的重要性有所不同。

1．初级层级——重在表达流畅

对于初级培训师，对他们更多的要求是能够进行流畅的表达。因为这种技能相对来说容易学会，同时也最容易调动学员的情绪。如果一位经验不是很丰富的培训师，自身的知识体系尚不完善，表达能力又很欠缺的话，那是上不了讲台的。我们经常在培训课堂上看到这样的情景，要么培训师不知所措，造成冷场；要么培训师思维混乱，不知道要说的主题是什么，完全不能控制课堂现场。

如果把课程设计与课堂表达能力做比较，我认为初级培训师的表达能力和设计能力之比是 79∶21。所以，对这一层级的培训师来说，要特别注重表达能力的提升。因为与其他层级的培训师相比，这一层级的培训师的特点是表达尚不够流畅，讲课的条理性还不够清晰，知识体系有待完善。

2. 中级层级——重在平衡发展

中级培训师无论是在表达的能力上还是在课程的设计上都要高于初级培训师，但与高级培训师相比还有较大的差距。这一层级的培训师的表达能力和设计能力已经趋于平衡发展。表达比较流畅，结构条理性开始清晰，知识体系逐步健全，这是处于这一层级的培训师的典型特征。

中级培训师的表达能力和组织能力比例已接近50∶50。这一层级，培训师需要更加注重对知识的积累和消化，注重提升自己课程的设计能力。

3. 高级层级——力求灵活自如

高级培训师这一层级的表达和设计能力之比是28∶72。也就是说，表达是自如流畅的，组织是科学严谨的，知识体系是完备系统的。

高级培训师阶段已经把重点放在如何创新上。因为对于这个层级的培训师来说，他们的技能娴熟、功底深厚，掌控课堂气氛已经游刃有余。由于有了深厚的知识底蕴作为后盾，他们在表达上既可以简洁干练，也可以滔滔不绝，各种教学方法和工具的应用能够得心应手、出神入化。更关键的是，到了高级培训师阶段，对于知识体系的不断创新已经有了自觉的意识和动力，能够适时地根据实际需要进行课程内容与教学方法的改进和创新，更加注重完善课程的内容。

4. 真正的高手能让“外行看门道”

有的人认为如果一个老师讲得深奥，很难让学员理解，那么这个老师必定是个高手，因为他讲的东西别人都不懂。是这样吗?绝对不是。如果老师讲的学生不明白，只能说明老师对自己所讲的东西还没有真正地消化吸收。因为真正的大师讲课，都是通俗易懂、深入浅出，不会故弄玄虚、故作高深的。

同样，作为一名高明的培训师，他讲的课程应该更容易让人回味无穷而不是高深莫测。这里有一封学员给我的邮件，作为案例和大家分享。

周老师：您好!

我是名警察，我丈夫是名商人。上个双休日，他邀请我和他一起去听您讲课。我对商业一窍不通，也没想过应该给自己开一下这方面的窍，所以我刚开始拒绝了他，让他带公司的职员去。他说那可不是什么人都有资格参加的。难道听课还要有资格，这倒引起了我的好奇心，于是，我决定去听一听。

这一去真不枉此行。您授课非常生动而且深入浅出，连我这个门外汉也听明白了。我从来不知道商场上的运作是怎么回事儿，听了您的讲课，犹如推开了一扇完全陌生的门，我毫无准备地闯进了一个奇异的新世界，迷人的风光令人心神摇动、流连忘返。听课之前我还怕自己听着听着就睡着了，结果，担心完全成了多余，我一下子被您的讲课吸引住了。您讲课时的娓娓道来，解答学员疑问时的从容自信，为企业把脉诊断时的对症下药，提出解决方案时的有理有据，都给我留下了深刻的印象。

我丈夫曾经听过太多讲师的课程，领教过各路讲师的风采，唯有周老师的讲课，他认为能与他产生真正的共鸣。他喜欢听，听后确实管用，这已经是他第三次来听您讲课了。

给您写这封信，表达我的敬佩之情。祝工作顺利！

俗话说，外行看热闹，内行看门道，其实，真正的高手不仅能让内行爱不释手，还能让外行看出门道。

1.2.2 按照特质划分

总是有培训师会问：“我应该具备什么样的风格？”“我最适合哪种风格？”“我应该向谁学？”其实，我们不用刻意追求哪种风格，形成自己本色的风格，才真正属于你自己。但是，要秀出真正的自己，在自己的风格形成之前，可以先模仿一种典型的风格，然后融会贯通，内化为自己的风格。我们把培训上的风格分为教士风格、学院风格、教练风格和演艺风格 4 种。

1．思想性为主的教士风格

教士风格在 20 世纪 80 年代期间居多，那个时期挖掘出一些成功学的大师，如卡耐基等，他们本身就是成功人士，做培训可以说是“现身说法”。所以他们的培训内容带有思想性的特点，独特之处也是在于思想性。

2．理论性为主的学院风格

学院风格就是学者风格，它的特点在于理论性强，理论框架非常好，能发人深省。比如，讲人力资源，学院派的培训师一定会这样讲：先讲人力资源的发展史，然后是人力资源的拓展和内涵，最后讲人力资源在实践中的运用，但实操性的东西不会很多。

3．实践性为主的教练风格

教练风格是 20 世纪 90 年代开始兴起的，此风格是通过不断地演练提升学员素质。演练时特别注重对于每个人行为的具体点评，如果你忽视了一个人，他的进步就会打折扣，这和一般教育有很大的不同。

4．表演性为主的演艺风格

演艺风格就像演员演出一样。如果说教练风格在于它的实践性，那么演艺风格则在于它的表演性和娱乐性。现在培训行业内许多知名的培训师就是这种风格，他们会用演艺圈里惯用的方法来做培训。例如，他们会做大幅海报，把自己亲切的笑容放在上面。他们的培训现场是这样的：当他们进入培训现场的时候，全体起立，热烈鼓掌，灯光、音响全部打上。讲解时也是这样，先要热身，然后全体起立，做各种动作。通过肢体的运动，促使大家放松，然后在听的时候，学员就会进入一种境界。但是，最近几年，演艺风格有衰退之势，因为它存在一个致命的弱点就是内容不深刻。

就目前的培训行业来说，企业更需要真正能够解决问题的培训，所以我们更倾向于教练型的风格。

培训风格是培训师成熟的标志，同时风格又是通过长期的历练形成的，犹如酿酒，经久乃成。所以，只有形成自己独特的风格，别人听一次就被吸引，百听不厌，这才是真正有造诣的培训师。那么，培训师的风格培养都有哪些要领呢？

第一，解决个性化和标准化的问题，标准化是前提。在规范化、标准化的前提下，找准自己的个性。但如果先把个性作为前提，就是不正确的，是一个错误的战略，就好像我们小时候练毛笔字，首先要描红，然后你才能选择是学颜体还是柳体。如果你什么都不练，就练狂草的话，肯定练不出一手好字来。

没有专业的训练，就只能做“江湖好手”，始终成不了“大内高手”。“江湖好手”就像程咬金、李逵，就会那么三斧子。所以，首先要定标准，在标准掌握之后，再上升到个性化风格。

第二，轻松而不轻薄。讲课要轻松幽默，但不要低级趣味。如果轻薄，就像江湖卖药的一样，这样的培训师是不会受到尊敬的。

第三，平实而不平庸。平实，就是你讲的内容的实用性要很强，绝不讲空洞的东西，而且讲的东西还不应是炒别人的冷饭。作为培训师，如果人云亦云，就没有自己的风格了，一定要努力做到在这个行业里讲这门课程的，就数自己讲得最好。

那么，到底哪一种风格好呢？演艺风格尽管从总体上说不好，但对保险推销人员，对一线营销人员，对那些朝气蓬勃却又没有多少工作经验的年轻员工来说，这种风格还是很有效的，因为它可以鼓舞士气。此种情况下用学院风格就不行了。所以，每种风格都有不同的应用场合。培训师要根据自己的特点来确定自己的风格。例如，我们是搞技术出身的，不会做演艺派，那就可以用教练风格。总之，本色风格最好。我就是这样一个人，我就选这样的风格，不刻意去模仿别人。比如，明明是一只鸡，却一定要学浮水，那肯定不如鸭子。

当然，在选择风格类型上，能做到博采众长更好。例如，我是一个非常严肃的人，偶尔来一点幽默；我是一个非常轻松的人，偶然也会来一点凝重。也就是说，在选择类型的时候，以自己的本色风格为主，然后融合一些其他风格的元素，让自己的培训变得更加精彩。

了解自己的性格特点会有助于我们形成自己的风格，当我们真正把各种风格融为一体的时候，就能达到“夕阳芳草无情物，解用都为绝妙词”的境界了。

1.3 走出培训的几个误区

1.3.1 理性看待培训师

作为培训师，或许有一天你也会成为管理者，现在就让我们先来了解一下有哪些管理模式。我国改革开放以来的管理发展大约经历了 4 种模式，我们称为四代领导模式。

第一代领导叫作业务承担者，他们本身是业务精英，基本的领导方式是身体力行，率先垂范；第二代领导叫作组织管理者，他们的领导方式是全面管控，亲力亲为；第三代领导叫作团队训练者，他们的领导方式是以教练的身份培养下属的技能；第四代领导叫作团队引导者，他们的领导方式是提供咨询和服务，提出方向和思路，在关键的时候把把关。

1．起点——业务承担者

第一代领导作为团队的精英，业务上很能干，如某销售人员的业绩一直是部门里面最好的，部门的业绩主要靠他，于是，上级任命他为销售经理，把整个销售团队都交给他负责。这样的销售经理是什么角色？是业务承担者。同样，生产班长手下有三五个人，他并不需要多少管理能力，但是，他一定是这个生产班组的业务能手，操作他最熟练，设备他最了解。谁不在岗了，他都能顶上去，他就是业务精英。

在我们的市场经济早期，大部分创业者采取的都是这种“业务承担者”的领导模式。通过自身的能力来引领组织的发展，其中个人力量的作用很大。随着组织的发展，管理对象的增多，这样的领导方式难免显得捉襟见肘。那么，如何才能放大自己的力量，为组织创造更多的价值？这就要求领导者要从业务的承担者向组织管理者转变，走向第二代“全面管控式”的领导模式。

2．基准——组织管理者

通过管理来创造价值，这是组织管理者与业务精英最主要的一个不同。在曹操和刘备煮酒论英雄的故事中，曹操在白门楼杀了有万夫不当之勇的吕布，又和刘备来讨论谁是英雄的问题。

曹操曰：“夫英雄者，胸怀大志，腹有良谋，有包藏宇宙之机，吞吐天地之志者也。”玄德曰：“谁能当之？”曹操以手指玄德，后自指，曰：“今天下英雄，唯使君与操耳!”

别看刘备手无缚鸡之力，曹操却称其为英雄；吕布虽神勇无敌，却沦为该杀的匹夫。业务精英和组织管理者的本质区别就在这里：吕布只能运用一个人的力量，而刘备运用的是一个团队的力量。

具有全面管控的能力，这是对组织管理者的基本要求。一些领导人凡事身体力行，不敢授权，正是管理能力不够的表现，实际退化成第一代的业务承担者。

但是，光有全面管控的能力还不行，如果管理者不具备培养下一代接班人的教导能力，那么公司就有潜伏“断子绝孙”的危险。所以，作为一个合格的组织管理者，还需要具备培养下属的能力，把企业教练的角色做好。

3．优秀——团队训练者

作为教练式领导，已不再局限于对组织的全面管控了，需要转换角色——由自己做变成教别人怎么做。这时的领导以团队训练者的身份出现，工作的重点是培养下属的技能。我们现在许多优秀的企业领导人，已经把“带队伍”作为自己的第一位任务，以培养出一批优秀的年轻领导者，打造基业长青的企业。

但是，教练式领导的缺点是不可避免地对下属实施“全面照看”，下属的成长在很大程度上依赖于作为教练的领导，从而在一定程度上限制了下属个性的充分发挥和能力的拓展。

对处于成长期的企业来说，这样的领导方式是可行的，能够使企业迅速发展起来。而对处于成熟期的企业来说，如果教练给下属过多的“教诲”，不仅会限制下属的成长，更会限制企业的发展。所以，这时候的领导应该向导师转变。

4．卓越——团队引导者

第四代领导，即导师，是从教别人怎么做转向引导别人怎么做。给下属指点方向，提供咨询，留给下属很大的空间，让他们自己去尽情发挥。

处于这个层次的领导者，更多的是关注企业的未来和战略。只有当下属遇到自己解决不了的困难或者重大障碍的时候，才给予必要的支持，包括智力支持和资源支持。与传统的领导模式相比，第四代作为“导师”的领导模式的主要优势是：一是具有信息优势，“置身局外”会比当事人更清楚问题的所在；二是动能优势，激发当事人自我解决问题的意愿；三是策略优势，一般都是提供两种以上的备选方案供下属选择；四是成效优势，擅长将项目方案变成项目行动。

这四种领导模式，就好比打桥牌：第一代领导方式，是自己在打牌；第二代领导方式，是与别人合伙打牌；第三代领导人，开始教别人打牌；第四代领导人，已经是让别人做“替身”替自己打牌，自己离开“牌桌”，四处转转，甚至到对家那里看牌，然后再为自己的“替身”支招，胜算当然是不言而喻了。

简单概括一下，上述所说的领导的四个阶段，我们可以将其称为“带”“领”“教”“导”。最初阶段是“带”——师傅带学徒，然后是“领”——率领一个团队，再后来是“教”——培养接班人，最后是“导”——提供智力支持和资源支持。要成为一名优秀的管理者，就要努力向第四代领导迈进。

1.3.2 很难人人都是培训师

1．只会皮毛半桶水，定位不清（定位——做与不做）

首先欲从事培训行业的人要掂量一下自己是不是适合做这项工作，如果不适合的话，则不要在这一行久留，以免浪费自己的宝贵时间。

培训师可以被形象地比喻为爆发型的运动员，而不是耐力型的。他的工作方式是以一个课程为一个项目，每做一个项目都要充满激情，要求有极强的、快速的学习能力。如果没有快速的学习能力，没有爆发力，那就不适合做培训，而只能被培训了。所以，在进行职业定位的时候，培训师一定要考虑自己是否有极强的爆发力。

2．光有想法不落地，做到什么程度不知道（目标——做到什么程度）

确立了定位，就要制定目标，即要做到什么程度。可能很多培训师会说自己的目标当然是做一流培训师，但并不是每个人都能顺利地实现这个目标。目标的制定要切合实际，实事求是，分步实施。

能够成为行业一流，当然最好。如果暂时做不到行业一流，那么先从二流做起。根据自己的特长，细分培训市场，在自己擅长的领域里去谋求市场的份额。例如，讲“人力资源”课，我做不到一流，那我就讲“人力资源”下的“绩效考核”；还可以再细分，只讲某一个领域的绩效考核，如 IT 行业的绩效考核、广告公司的绩效考核，等等，努力在细分市场里做到一流。

3．没有使命，不知道做什么（产品——做什么）

做什么样的产品，要根据确定的目标来设计。要先做好一门课程，做出品牌效应来，这对于培训师来说非常重要。在一门课程有了突破之后，就会产生晕轮效应，再扩展就相对容易了。

1.3.3 不切实际地抱怨薪水

1．培训师的价与市（品牌——职业声誉）

塑造品牌、提高名气的办法之一是经常参加行业的一些评比活动，但最重要的还是做一流的课程，做德艺双馨的培训师，在客户中树立良好的口碑。口碑好，美名传天下。

还可以著书，这也是提高知名度的一种办法。出版一本好书，其扩散效应是很大的。当然，写书是对自己实践经验的总结和升华，不能胡编乱造，随意拼凑，误人子弟。

2．提升自己的价值（起点——如何着手）

我们可以先找一些适合自我发展的平台，如从做企业内部培训开始，然后再慢慢发展到社会的平台上。真正的起飞还是要在社会这个大舞台上来完成。

3．学会选择很重要（资源——如何加速）

三人行必有我师，要善于利用各种资源，借助别人的成熟经验来发展、提高自己是一条捷径。

上述几方面集中起来，我们简单地称为“六个一”：一个定位，一个目标，一个产品，一个品牌，一个起点，一个资源。把这 6 个方面做好了，成为一个优秀的职业培训师的进程就会大大加快，职业生涯的美好图景——先当专家，后做教练，最后成为导师就会一步步成为现实。

1.4 企业青睐什么样的培训师

1．企业培训师的“范儿”

培训是以员工为主体，以培训师为主导，通过宣导理念、训练技能、解决问题来改变个人行为，进而提升组织绩效的系统工程。

2．小定义大学问

培训短短的定义中包含 5 层意思。

（1）教与学的关系

培训的主体是具有职业身份的学员，培训师在教学过程中，起到向导、指导的作用。在培训中，培训师表现的精彩不是真精彩，那只是表演了自己、表达了自己，让学员在培训中绽放异彩，那才是真精彩。就像“希腊三贤”之一的苏格拉底，用学生柏拉图证明了自己的卓越；而柏拉图也用学生亚里士多德证明了自己的优秀。企业培训师也是如此，教的效果是用学的结果来证明的。

（2）培训的任务

培训的任务有三；宣导理念、训练技能、解决问题。这与韩愈在《师说》中对师者的评价有着惊人的相似。“师者，传道授业解惑也。”传道，宣导理念；授业，训练技能；解惑，解决问题。

（3）培训的方法

理念的传达要用宣导的方法，讲授法、演示法、游戏法等，都可以达成宣导的效果。技能的传授要靠训练达成，训练离不开实操法、督导法。面对问题要强调解决方案，方案的产生离不开案例法、咨询法。我们曾经接触过一家企业，观摩该企业的收银员培训时，发现主讲人员以讲授为主。事后我们与培训管理者交流，问他是不是学员存在听得懂、做得差、考得“焦”的现象？培训管理者很认可我们的说法。出现这种问题的关键就在于教学方法不恰当，这样一定会影响学习效果。

（4）培训的效果

就学员个人而言，培训的效果在于学员行为的改变。那么，思想、言论的改变能不能体现培训的效果呢？我们说思想、言论的改变，往往是通过行为的变化来表现的。很多培训师都强调，学员要有“空杯心态”。那么，培训中的空杯心态是不是要用尊重他人主张、不过分强调个人观点、接受他人建议、不与他人对抗的行为来表现呢？正如列宁所说:“我们判断一个人，往往不是看他有什么样的言论，而是看他有什么样的行动。”

对于组织而言，培训的效果在于提升组织的绩效或是为企业带来更多的利润，或是让团队得以成长，或是让客户群体得以扩充，或是提升内部工作质量等。从培训效果来看，培训对于企业来讲有一定的“功利性”，哪个企业都不希望投资了培训，却没有产生回报。

（5）培训的形式

是不是所有的培训都是集中办班呢？例如，企业里面经验多的员工，平常辅导一下经验少的员工，这就不是以培训师为主导的培训了。可能这个经验多的员工是一个师傅，有时甚至连师傅都不是，就是新员工问了他一下，他给新员工指导了一下，这其实都叫作培训。所以培训并不一定是以“集中办班”的形式出现的，也不仅仅是一种活动，而应该将其作为一个系统工程来看待。

3. 企业培训需要“超市”还是“医院”

企业培训无外乎外修、内练。要么向企业以外的培训机构采购培训服务，要么向企业的内部资源开展培训活动。就外部的新兴培训、网络教育平台来讲，它们到底扮演了什么样的角色？可以这样说，它们绝大部分都是处于培训产品和企业之间的一个中介角色。但随着企业培训逐步走上正轨，这种平台已不适应企业培训的发展要求。

（1）需求不等于需要

企业培训越来越需要“医院”，而不是“超市”，因为需求不等于需要，医院要有“医生”来开处方。因为“患者”并不能一下把需求说明白。如果一个患者得了病，觉得自己胃痛，请医生给他开治胃痛的药，医生照办了，那么可以说这是个庸医。因为引起患者胃痛的真正原因是什么，医生并没有进行诊断对症下药。同样，作为一个培训师，如果员工要什么给什么的话那也是在危害企业，因为很可能这只是企业的一个潜在需求，而企业真正的需求却没有得到满足。一个好的培训师，必须清楚企业需要什么，也必须知道发生这种症状的原因在哪里，更要了解开出这个“处方”后，会给企业带来什么样的副作用。

（2）培训需要“疗程”

有个真实的例子，一位培训师课讲得很精彩，课堂上不断有学员提问，效果也不错。可当天晚上，学员下课后就在公寓里闹起来了，公开发泄对公司的不满，最后竟然有 1/3 的人选择了辞职。虽然这位“医生”的“药”不错，但下了药过后，“患者”第二天却爬不起来了。因为他没有注意到：一个企业不是靠一次培训开出的“药”就能治愈所有的“病症”，必须依靠一个“疗程”，根据“患者”的状态做阶段性的调整，有时要下平和的药，有时要下猛药。所以，培训师要在培训前的沟通中，不断收集学员潜在的需求信息，将最好最有效地培训送给企业员工。

4．培训师“三位一体”的角色定位

培训师在培训前要扮演“医者”的角色，对企业的显需求、潜需求做出必要的诊断，并给出治疗规划。培训中要扮演“艺者”的角色，通过演讲、演绎、导控、编撰、设计，将知识、技能、方法传导给学员。培训后要扮演“长者”的角色，对培训效果进行巩固、监督、指导。现在我们就重点来谈谈培训中的“艺者”这个角色。

（1）“演员”

这一角色要求培训师能够进行流畅的表达，同时用表达调动学员的情绪，实现知识的传授、技能的训练。如果一位培训师表达能力欠缺的话，是走不上讲台的。

（2）“导演”

这要求培训师能像导演那样，掌控场内、场外的局面，既要保证培训现场的教学组织，又要掌控课外指导。我们经常在培训课堂上看到这样的情景：培训师面对学员的质疑要么不知所措，导致冷场；要么思维混乱，不知道要说的主题是什么，完全不能控制课堂局面。

（3）“编剧”

这是对培训师创造力，或者说创作力的要求。能够及时地根据企业的实际需要进行课程内容和教学方法的改进和创新，更加注重完善课程的内容。对于知识体系的不断创新有一种自觉的意识和动力。

在培训中，“艺者”所面临的最大问题，就是角色与能力的失衡。一个优秀的培训师，既要有表达能力、组织能力，还要有开发创作能力，这 3 种能力要保持均衡。

2 培训师应具备的能力

2.1 课程开发能力

2.1.1 培训需求调查的流程和方法

1. 如何做好需求调查

培训首先要做好需求调查，就像医生治病首先要诊断病情一样。如果事先没有做调查。会产生什么样的后果呢?

我自己经历过这样的故事。

高中时，只要生病了，同学们就会去找校医开药。老医生很是认真：先把脉，再用听诊器，然后量体温，最后认真开处方，并照着处方自己配药，临走时还认真叮嘱服药事项。按此流程，每次诊断要两个小时左右。后来大家发现：老医生不仅看病的流程走一样的，就连处方都一样，不仅一个同学多次看病时处方一样，而且给不同的同学看病处方也是一样的。所以后来如果有几个同学同时病了，根本不用大家都去看病，只需一个同学去多开点药回来，大家分着吃，就像帮同学打饭一样。因此经常会在宿舍听到这样的话："我生病了，去找校医看病，还有哪些同学要我带药回来?"

如今，老医生早已退休，但是这种开普药的现象却在培训行业兴起，而且某段时间居然大行其道，有时连企业背景都没有询问，甚至连企业的名称都没有搞清楚就去培训。

有些公开课不做需求调查是可以理解的。公开课本身的授课形式决定了无法做真正的需求调查，公开课就是起“普及作用”的，就是“普药”或者“保健食品”，虽然不一定保证有益，但是绝对无害。你决定去参加公开课，就意味着你去的是药店，是直接去买药的，而不是去医院看病。

但是作为内训，面对的是一家企业的内部员工，是要帮人家“治病救人”的，这就决定了必须对症下药，如果不做需求调查，可真是有点“江湖郎中”的感觉了。

“没有调查就没有发言权”，而现实中，很多在讲台上侃侃而谈，自以为权威的培训师，很少真正做过需求调查。

如果我们问培训相关者（包括培训师、培训机构、企业培训主管、参训学员等）“培训需不需要做需求调查”，几乎所有人的回答都是“Yes” 。

如果接着问“有多少人在培训前真正做了需求调查”，很多人都不好意思举手了。

如果继续问“有多少人认为自己的调查是真正掌握了学员需求的”，回答就更少了。

再继续问“有多少课程是根据需求调查来设计的”，这时候回答的就寥寥无几了。

【情景描述】

在我们组织的职业培训师训练营中，有一位学员朱老师谈到她经历的一个案例。

朱老师：有一天，我接到某上市公司人力资源部的电话，请我给他们讲授一个课程，按照惯例，要做需求调查。通过调查发现，该公司刚请咨询公司做了“绩效管理”的咨询项目，加强了绩效考核，但是企业管理者并没有接受，导致人力资源部推行新的考核制度时受到很大的抵制，因此想组织一次培训，来提高大家对于绩效考核的认识，从而促进项目的推进。

刘斌：这个调查组织得很好，那么培训的主题是什么？

朱老师：在确定主题的时候，他们的培训主管、人力资源经理以及总监都提出了自己的看法，大家的意见是不一致的，当时还进行了激烈的讨论。

培训主管认为，应该讲授“如何做好绩效管理”。他认为正是大家对这个绩效管理的项目没有正确认识，才产生了抵制情绪，所以应该通过培训来帮助他们提高认识。

人力资源部经理认为，应该讲授“管理技能”课程，因为她明显感觉到该公司的管理层缺乏一些基本的管理技能，他们很多是从一线提拔起来的骨干，做具体的业务可以，但是缺乏管理技巧。虽然他们对绩效管理的项目有些认识不到位，但更重要的是他们缺乏管理技能，就算认识到绩效管理的意义，在实际工作中也没有办法完成。

人力资源总监认为，根本原因在于公司管理层对人力资源缺乏正确的认识，更谈不上推行绩效管理的相关工作了，这才是根本的问题。

经过多次沟通，最后确定主题为“非人力资源部经理的人力资源管理”，结合该公司刚刚推行的绩效管理制度，主要是以绩效管理模块为重点，帮助管理层正确地理解和认识人力资源，掌握一些基本的人力资源管理技能，同时兼顾企业其他方面的需求。

刘斌：培训进行得顺利吗？

朱老师：不顺利，培训那天，该公司老总参加了，此前他并未确认会参加。在培训的中途，他们老总建议我讲“销售”，他觉得应该加强销售培训，因为这个老总是销售出身，对销售情有独钟。

刘斌：他们的总经理，你有没有沟通？总经理要参加这个培训吗？

朱老师：需求调查的时候，他们说总经理经常出差，不一定参加培训。

刘斌：这就是需求调查的问题了！尽管做了需求调查，但是仍然存在一些问题。

2. 培训需求调查存在的其他问题

（1）调查做得不深入。做了调查，但是流于形式，没有掌握真正的需求。

（2）方法单一。简单地发个需求调查表了事，做了调查，但没有效果。

（3）需求调查和讲课内容脱节。虽然做了调查分析，但讲授的内容还是照搬以前的版本，与需求调查无关。

3. 需求调查存在问题的 3 个原因

培训中没有科学的需求调查，原因是多样的。

（1）企业培训管理者的问题

培训老师有时会接到这样的电话：

对方：××老师。你讲不讲管理技能方面的课程？

××老师：讲呀。

对方：那发个培训大纲吧，我们需要这个课程。

××老师：我们采取的是 CTC 模式，需要做需求调查。我们不知道你们企业的具体情况，怎么给你大纲？

对方：没有关系，你先发个曾经讲过的给我看看，然后给我们培训总监审查。

面对这种情况，怎么做需求调查？

（2）培训机构的问题

有一次××培训老师接到这样一个电话：

对方：××老师，听说你专门讲 TTT。我们的客户刚好有这样的需求，请你把大纲发给我。

××老师：对方是什么需求呢？

对方：我还不是很清楚。你先把大纲给我，回头我再给你讲详细情况。

××老师：需要讲多少天课的大纲呢？

对方：你有几天的？

××老师：半天的、1 天的、2 天的、3 天的、4 天的、6 天的、8 天的都有，你需要哪个？

对方：都给我吧。

××老师：那你准备给对方哪个呢？

对方：都给他，让他自己选。

这有点类似于餐厅里的“菜单”，看似能提供若干选项，却未必能对症下药。

（3）培训师的问题

某公司遇到客户需求的时候，也会去联系老师，经常遇到类似下面的情景：

某公司：××老师，您好。请问您讲销售类的课程吗？我们的客户有这个需求。

××老师：讲呀，讲过很多。

某公司：××老师，您主要讲销售的哪些方面？

××老师：只要是与销售有关的都会讲，都是相通的嘛。

某公司：那请问××老师，您擅长讲销售的哪方面呢？

××老师：只要是销售类的都擅长。这个你就不用担心了。除此之外，我还擅长讲人力资源、团队建设和生产管理……这些都是相通的。

某公司：那××老师您通常讲什么课程呢？

××老师：客户需要什么课程，我就会讲什么课程。

终于提到“客户”了，不过不是“需求”，而是“需要”。

对于这种什么都擅长的全能型大师，我们一般都敬而远之。

除了上述 3 方面原因，培训对象、调查对象也是影响需求调查质量的重要因素。例如，参训学员不愿意接受调查，很多人认为是多此一举，耽误他们的时间，在他们的印象中，培训就是“学习”，直接去教室听讲就可以了，还调查什么呢？

4. 如何掌握学员真正的需求

（1）需求调查的管理学原理

① 对症下药原理

这是培训的基本原则，要根据企业具体需求设计解决方案。

② 20/80 法则

20/80 法则又称为“帕累托法则”“二八定律”等。20/80 法则认为：原因和结果、投入和产出、努力和报酬之间本来存在着无法解释的不平衡，结果、产出或报酬的 80%取决于 20%的原因、投入或努力。20/80 法则要求培训师要抓住重点，企业存在的问题不是某一方面，而是多方面的，对调查出来的结果要抓住重点。

（2）需求调查的两个重要作用

① 为了确定主题

每家企业都存在这样那样的问题，而每一次培训只能解决一个或者一类问题。到底要解决哪类问题呢？首先就要通过调查确定主题，就像医生测血压，照片子、查血、做 CT 一样，通过诊断确定哪个地方出了问题，为后面的解决方案提供依据。

② 为了确定内容

确定内容，就是提供解决方案。就像开处方、给药、打针、动手术一样，通过设置什么内容来解决存在的问题。

这两个作用是相互联系的，既可以先后两次进行，也可以同时进行。

5. 需求调查的类型和流程

根据需求调查的目的，可以将需求调查分为 3 种类型。

类型 1：没有限定范围，需要做全面调查。

即并不确定主题，或者是主题不明确，要通过需求调查来得出主题。对这种类型，需要做两次需求调查：第一次，确定主题；第二次，确定内容。

医疗中：

患者：医生，我最近身体不舒服，请帮我看看。

医生：哪里不舒服？

患者：我全身都不舒服。

医生：主要症状是什么？

患者：我症状很多。

医生：那好，从头部开始讲起。

患者：我自己说不清楚，你帮我检查一下吧！

医生：好的，那需要做个全身检查。首先做血常规检查，接着做 CT，然后做彩超。

培训中：

企业培训主管：老师，我们的企业管理出现问题了，请帮我们培训一下。

培训师：你们的管理中哪些地方出了问题？

企业培训主管：我觉得每个地方都有问题。

培训师：能不能讲讲，你对哪些地方不满意？

企业培训主管：我觉得都不满意，都存在问题。

培训师：这样的话我们需要对企业做整体的调查，要对企业战略文化、组织结构、研发设计、采购生产、营销、财务、人力资源等各个方面进行深入地了解。

这种情况需要对企业进行全面系统地调查，这通常是做“咨询”所要做的工作，一般的培训不需要这么全面。

企业培训师通常做的是以下两种类型。

类型 2：先限定范围，再做需求调查，目的是确定主题。

患者：医生，我头疼，请帮我治一治。

医生：你头疼？

患者：是的，我头很疼。

医生：疼了多久了？

患者：疼了一周了。

医生：你给我讲讲，有哪些症状？

患者：我说不清楚，就是头疼。

医生：还有其他部位不舒服吗？

患者：不，只有头疼。

……

医生：好，情况大概明白了，可能是感冒引起的头疼。一方面需要验血，看是否有病毒；另一方面，要做个头部的 CT，看是否有器质性损伤。

这就是有一定范围后，再进行调查。在培训中通常用的是这种类型。

企业管理者：我们普遍感觉最近士气比较低落，想做个培训。

培训师：整个团队的士气都很低落？

企业管理者：是的。大家感觉工作热情和团队凝聚力不强。

培训师：除此之外，你觉得还有什么不满意？

企业管理者：就是这点。

培训师：那好，我们来调查一下团队士气低落的原因。以下这些问题，需要我们深入沟通……

这样的培训往往是“头痛医头，脚痛医脚”，也许不能整体上解决问题，但是至少比“头痛医脚，脚痛医头”要好。

如果想整体解决问题，要么进行系统的培训，要么采用咨询的方式。

到底应该如何确定培训主题呢？通常采用的思路是“大胆假设——小心求证”，这是麦肯锡公司的法宝。我们在此基础之上加一句，变为“大胆假设——小心求证——确定主题”。

大胆假设。就是在确定主题以前，首先进行一个假设，假设产生这种不良状况的原因是什么。

小心求证。通过需求调查来验证，产生这种状况是否就是假设的这个原因。

确定主题。根据培训需求调查得出原因，设计解决方案，从而确定主题。

需求调查后，通常会存在以下 3 种情况：

情况 1：假设的原因刚好就是根本原因，是问题所在。

情况 2：假设的原因是问题的重要原因，但是产生该状况还有其他原因。

情况 3：假设的原因虽然相关，但不是根本原因，产生该状况主要是由其他原因造成的。

我们通过一个具体案例情景模拟的方式来理解上述 3 种情况。

【情景描述】

一家企业的培训负责人感觉他们的员工士气低落，打算做一个激发员工士气方面的培训。到底讲什么内容呢？需要做需求调查。以下就是模拟现场交流的情况。

企业管理者：我们普遍感觉最近士气比较低落，想做个培训。

培训师：除此之外，你觉得还有什么不满意？

企业管理者：就是这点。

培训师：那好，我们来调查一下团队士气低落的原因。通常团队士气低落有以下几个原因，你看看你们属于哪种原因。

- 成绩得不到认可。取得了很多成绩，却没有得到相应的认可和承认。
- 一时看不到成功的希望。目标制定存在一定的问题，做了很久，发现目标太远了，总感觉离最后的成功很遥远。
- 遭遇重大挫折。遇到很难解决的问题和障碍，一时找不到解决的办法。
- 缺乏团队合作的氛围，相互拉后腿，产生了内部消耗。
- 缺乏足够的领导力，团队中没有主心骨，无法领导和激励大家。

然后，我们开始大胆假设：

情况 1：假设的原因刚好就是问题所在。

企业管理者：对，我感觉这几种情况都存在，就是这些问题让大家的士气低落。

培训师：好，那你就此举例说说。

企业管理者：好的。例如，第一……

结论：该企业存在的问题是士气低落，提供的解决方案是“通过对 5 个方面的逐项训练，解决实际存在的问题，从而激发团队士气”，主题是“提升 5 项修炼，激发团队士气”。

情况 2：假设的情况是问题的重要原因。

企业管理者：我觉得主要是第 5 个原因，缺乏足够的领导力。

培训师：为什么呢？

企业管理者：大家都觉得我们现在的领导能力不行。

培训师：你举个例子描述一下，你们领导哪里能力不行。

企业管理者：例如，平时他总是低头做事，很少与我们沟通，我们遇到什么问题去找他，他总是推脱。

培训师：还有呢？

企业管理者：还有就是他不懂得鼓励我们，一说话就是骂人，我们都躲着他，私下里都不服他。

培训师：为什么呢？

企业管理者：他是刚被提拔上来的，以前没有当过领导。

结论：看来这个领导缺乏管理技能。团队士气低落，是因为这个领导欠缺领导力，那么重点就在领导力培训上。

这时候可以给对方两个方案。

1．主题不变，但是将这个重要原因作为重点

例如，继续以“激发团队士气”为主题，但是以提升领导力为重点。按照情境理论，领导绩效=领导者领导对象情境，领导力是双方的，因此培训主题可以设计为“提升领导能力——激发团队士气”。

2．以这个重点因素作为主题

例如，可以安排这个部门的领导参加“领导技能”类培训。

情况 3：假设的情况虽然相关，但不是根本原因。

企业管理者：我们整个团队氛围挺好的，领导也很有能力，大家都相信他。最近也没有遇到大的问题，工作还是在推进，但是最近公司的薪酬制度调整了，大家越做越没有信心了。

培训师：你能不能详细描述一下？

企业管理者：是这样的，最近我们推行新的薪酬制度，对大家的收入影响很大。

培训师：有多大？

企业管理者：大家的整体收入都降低了。

看来真正的原因是薪酬制度调整影响了团队士气，但薪酬制度的调整是培训解决不了的，就算组织一次“激发团队士气”的培训，意义也不大。因此应该改变主题，更换新的主题，解决根本问题。

在具体的培训工作中，现实的情况往往比以上模拟的案例更为复杂：一是因为导致一些不良现象的原因很多，并不仅仅是某一个原因；二是很多时候并不能轻易找到原因，就算找到了原因，也不能确定就是根本原因。这就需要培训师具有火眼金睛，能够透过现象看本质。

【情景描述】

春节刚过不久的 3 月，××老师接到一家地产公司的培训需求，约好下午两点面谈。参加访谈的人包括该公司李总、人力资源张经理和培训主管小白，以下就是我们从诊断到确定主题的过程。

××老师：今天，我主要是了解贵公司目前存在的一些问题，以确保培训效果。请张经理谈谈目前存在的问题。

张经理：我觉得目前最大的问题是凝聚力不强，人心涣散。

××老师：请举例说明。

张经理：首先是员工离职率高，今年春节过后离职率为 28%。

××老师：是核心员工离职吗？

张经理：是的，包括工作多年的老员工和管理层。

××老师：除了员工离职以外，还有什么表现？例如，留下来的人有哪些表现？

小白：我觉得留下来的人很多都不愿意干了，好像都想跳槽。

张经理：留下来的人工作积极性很差，对工作能推就推，不推就拖，效率很低。

李总：我也这么觉得，以前在会议上讨论很热烈，大家都提意见。现在好像大家都没有意见了，其实是心里有意见却不愿意提。

××老师：除此之外，还有什么表现？

（他们又分别描述了一些现象）

××老师：好，大家都谈到了目前出现的一些不好的现象，那么我想问一下，这些现象发生多久了，是不是春节过后刚刚发生？

张经理：这些现象发生很久了，只是春节后更加突出了。

××老师：是否因为春节过后是员工离职的高峰期？或者是因为刚过春节，大家的工作状态还没有回到正轨？

小白：我觉得春节是一个原因，连我自己都感觉还没有恢复过来。

××老师：除此之外呢？大家认为是什么原因造成这样的状况呢？公司最近是否发生过重大的事件？例如，兼并重组、开设新公司、高层领导变动或者推行新的制度？

李总：我觉得是与我们去年断推行的“绩效考核制度”有关。张经理，你觉得呢？

张经理：我也觉得跟这个新的绩效考核制度有关。××老师，你是做人力资源咨询的，是这方面的专家。你看看我们这个绩效考核制度有什么问题吗？

××老师：(××老师一边看他们的绩效考核制度，一边听他们介绍。经过深入交流发现，这个绩效考核制度还是合理的，只是在某些表述上专业术语太多，非人力资源专业的人可能理解起来有问题；最重要的是，对于重要的流程和操作方法，设置内容不多，所以在实际操作中存在问题。）这个制度推行多久了？

张经理：差不多半年了。

××老师：在推行这个绩效考核制度时，是否在全公司进行过宣导？对操作这个制度的管理层是否进行过相关的培训？

李总：我们在各种会议上倒是经常提到的，咨询公司在项目后期也给部分管理层做过培训。

××老师：你们觉得他们操作得怎么样？

张经理：好像操作有很多问题，每个月的考核都带来很多争议。公司没有组织相应的员工座谈和培训工作，管理层也没有掌握绩效管理的具体方法，在推行制度的时候没有做相应的铺垫，结果员工不懂得绩效考核的知识，更没有认识到绩效考核对自己的价值。

原因分析出来了：一个是公司层面的，一个是员工层面的。对于公司层面的问题，培训是解决不了的，只能通过咨询来解决。而对于员工层面的问题，主要包括3个方面——知识方面：员工没有搞懂绩效管理的含义，以为绩效管理就是考核，考核就是要降自己的工资；技能方面：管理层没有掌握绩效考核的具体方法和工具，导致考核操作中出现很多问题；态度方面：员工没有领悟到绩效管理给自己带来的价值，所以心理上不能接受——这3个方面都是培训可以解决的。因此，士气低落的根本原因是管理层缺乏绩效考核的相关技能，基于此确定的培训主题是“提升考核技能，提高考核绩效”。针对该主题，我们就解决方案进行了深入交流。

××老师：现在我们已经找到了原因。公司层面的事情，我建议从咨询的角度去解决。员工方面的问题，主要包括知识、技能、态度3个方面，可以从培训角度去解决。对此，我们有两种解决思路：第一种是设计课程，从3个方面进行培训；第二种是先从单个方面入手，再逐步深入。你们觉得哪种思路更合适？

张经理：我觉得单个解决更好，更深入，就看李总的意见。

李总：我也觉得逐步深入效果更好，××老师，你的建议呢？

××老师：逐项深入当然更好，那么，从哪点开始呢？你们觉得3点中，最重要的问题在哪里？

张经理：我觉得是大家对这个绩效管理认识不到位，没有搞懂考核的真正含义，所以在心态上都没有接受。

李总：我也觉得大家在态度上对考核不接受。制度本身是合理的，只是管理层不太懂得如何操作。

小白：是呀，我没有觉得这个制度有问题呀！

××老师：看来真正的原因是主管们在绩效考核的操作上有失误，那好，我们就以绩效管理的相关技能培训为重点，同时包括讲解绩效管理相关知识、认识绩效管理。你们觉得怎么样？

大家一致同意这个方案。

需要注意的是，确定内容是需求调查的另外一个部分，在确定内容这个环节中，会再一次验证最初的假设，以确保不会有问题。

上述就是关于需求调查比较完整的一个流程。

总结一下，通过需求调查确定培训主题的解决方案，见表 2-1。

表 2-1　通过需求调查确定主题的解决方案

情况	原因类型	解决方案	备注
情况 1	根本原因	最初设计的主题	最初假设是对的
情况 2	重要原因	1.最初的主题 2.以此为重点的另外的主题	最初的假设是重要原因，但不是全部原因
情况 3	次要原因	换一个主题	假设有些不准确

类型 3：主题已确定，要确定具体的内容。

已经确定了培训的主题，调查的目的是要找到原因并确定课程内容。

通常讲的培训中的需求调查其实就是这第 3 种情况。对于企业内部培训师来说，这叫作“培训任务”；对于职业培训师来说，这叫作“培训需求”。接到这样的“培训任务”或者“培训需求”，培训师要做的就是确定培训内容。

如何确定呢？通过需求调查确定。

【情景描述】

一家著名的集团公司的培训主管跟××老师联系，要请××老师讲“情境高尔夫——向下管理”。已经确定了培训主题和培训模式，需要做的就是确定内容。

因此，××老师需要进行两方面的培训需求调查：一方面是培训背景调查，另一方面是培训内容调查。针对这两方面采用两种方式：一是问卷调查，包括培训背景调查和培训内容调查表；二是访谈法，了解培训背景及具体的需求。调查对象是该企业的人力资源部邓经理。

××老师：邓经理，你们计划做“向下管理”，你能简单给我介绍一下背景吗？为什么计划做这个培训？

邓经理：是这样的，集团公司曾经组织我们参加过高尔夫课程的培训，我觉得效果很好，是真正实战的培训，我们另一家分公司几个月前也请您讲过高尔夫课程，他们也觉得效果非常好，特别向我们推荐你的课程，所以我们找到了你。

××老师：为什么要计划开“向下管理”这个课程呢？

邓经理：我们是一家大型的集体公司，以前是传统的国有企业，后来被这家央企兼并重组，现在对管理层的要求比以前更高了，管理者的能力有些跟不上；同时，很多管理者都是从一线提拔上来的，之前都是业务方面的骨干，专业能力很强，但是缺乏管理技能，尤其是对于如何管理下属，存在很多问题和困惑，所以想做“向下管理”的培训。

××老师：好的，我培训过的那家分公司目前正在推行“绩效考核”，你们是否也在做？

邓经理：是的，我们正要全面推行这项制度，但是很多管理者对这个新的制度不太理解，希望你能在培训中涉及这点。

××老师：好，这个我可以安排进去。另外，高尔夫课程是一个培训前、培训中、培训后相结合的课程。因此我们需要做深入的了解，主要包括两点：一是目前参训学员的一些情况，包括岗位、学历、工作年限，以及其他的个人情况，对此有一份“培训背景调查表”要辛苦你填一下；二是对于高尔夫18洞的具体案例，每家企业不一样，这18洞也是不一样的。这一项更加复杂，也要辛苦你填写一份调查表。这两个调查表做好之后，还要确定具体的案例，这是要确定培训的内容。

……

这就是确定主题的需求调查，调查的目的是确定授课的内容。

这里需要注意的是：第一，虽然确定了主题，培训师必须再次确认。因为有的时候这个主题并非真正“确定”的，因此需要再次确认，否则很有可能出现这样的情况——培训师辛辛苦苦备课以后，被告知不讲这个课程了。第二，确定主题之后，主要的工作是确定课程内容，这时一定要了解一些背景，因为这些背景会对课程内容产生重大影响，甚至本身就是课程内容的一部分。

6．需求调查的基本流程

需求调查通常采用以下流程和步骤。

（1）确定调查范围

限制调查的范围，不要太过宽泛，通常会根据培训对象提出的大致范围实施调查。

（2）确定调查方法和内容

根据对象的具体情况，结合条件选择相应的调查方法，同时设计调查的内容。

（3）确定调查对象

选择调查对象。根据具体情况确定向谁进行调查，调查对象一定要有“代表性”。

【情景描述】

几年前××老师给一家通信企业做关于管理技能的内训。采用的是现场抽样调查的方式，提前告诉对方企业的 HR 经理，来的人一定要具有代表性。××老师根据现场调查的情况，设计了培训内容。两天的培训进行了一天后，××老师让助理专门去询问 HR 经理有什么意见，HR 经理说：“××老师的课程很好，教了大家实际的管理技能。只是我们今天来的主要是中高层，而××老师好像讲的主要针对中基层。”××老师听了大吃一惊，因为当初现场做调查的全是中基层干部，没有一个高层管理者。××老师立即找到培训经理询问情况，原来培训经理本来也安排高层的代表来做调查，但是这些代表因为临时有事都没有来，而这个培训经理是安排培训主管做的调查，主管并没有把这个情况告诉经理，当然也就没有反馈到××老师这里。××老师立即对课程进行了调整，第二天的课程主要针对中高层讲，取得了良好的效果。

（4）实施调查

这个过程需要运用各种调查方法。

（5）调查结果分析

对调查的结果进行深入分析，找到真正的需求。根据 20/80 法则，结合培训对象的负责人确定真正的需求。

（6）确定课程内容

根据调查结果确定课程内容。这就属于“内容设计”的环节。

7．需求调查的 3 种常用方式

（1）应急性和计划性

应急性调查是指培训师接到培训需求而采用的应急性需求调查，这是实际工作中最常见的一个方式。

计划性调查是指有计划地实施调查，通常是在做年度培训计划前要做的需求调查工作，根据需求调查结果来做年度的整体培训计划。

应急性需求调查具有短期性和一次性的特点，而计划性调查具有长期性和持续性的特点。

（2）部门性和整体性

部门性调查是指调查的范围仅限于某个部门，如“销售人员销售技巧培训”，仅仅需要对销售部门做调查就可以了。

整体性调查是指对公司的相关部门甚至是所有部门都进行调查，如“非人力资源部经理的人力资源管理”，表面上看是属于人力资源内容，只需人力资源部门参加。但是实际上对“非人力资源”的各个部门都要调查。

（3）单一性和多样性

单一性是指调查的方式是单一的，如只采用某一种调查方法。多样性指调查的方法是多样的，几种方法结合起来用。

8．需求调查的方法和主要内容

（1）培训需求调查的方法

培训需求调查和其他调查的方法类似。通常其他行业的调查方法在培训需求调查中也可以借鉴。基于培训的特殊性，在这里重点介绍以下几种方法，见表 2-2。

表 2-2　培训需求调查的方法

方法	内容	优点	缺点	备注
观察法	现场观察学员的状况	1．一手资料 2．真实反映 3．深入现场	1．观察对象少 2．不够全面 3．对观察者要求高	运用多种感官观察
问卷法	设计调查问卷实施调查	1．对象多 2．成本低 3．时间少	1．不够真实 2．不够深入 3．不能保证问卷回收率	问卷设计要科学合理
访谈法	面对面的访谈交流	1．内容全面 2．真实性强 3．交流深入	1．对主持者要求较高 2．很费时 3．成本高	对象必须具有代表性

续表

方法	内容	优点	缺点	备注
考核法	对培训对象进行考核	1．真实全面 2．内容深入	1．操作难度大 2．容易被抵制	考核内容设计要合理
资料调查法	调查过去的资料档案以获得需求	1．容易操作 2．全面 3．成本低	1．不能及时反映变化 2．需要提炼	资料提供要全面
抽样调查法	抽取具有代表性的人员进行调查	1．便于操作 2．成本低	1．可能存在偏差 2．对象可能不典型	配合其他方式的一种形式

（2）培训调查的两项重点内容

培训需求调查通常包括两项重点内容：一是培训背景调查，包括企业状况、培训目标、学员状况，这些背景资料对内容设计起指导作用；二是培训内容调查，就是到底该设计什么样的内容，具体的内容都是要经过调查，真正做到满足需求，而不是培训师闭门造车，想当然地设计内容。

（3）如何运用各种工具调查索求？

工具 1：培训主题调查表（见表 2-3）

【工具模板】

运用范围：各类培训

目的：找到学员最主要的需求，确定培训主题

适用对象：培训负责人

调查内容：

（为确定本次培训主题，请如实填写或者回答）

表 2-3　培训主题调查表

一、你目前最不满意的 3 个现象是？ 1． 2． 3．
二、你和你的团队面临的最重要的 3 个问题是？ 1． 2． 3．
三、你最迫切希望解决的问题是？

续表

四、你觉得产生这些现象的原因是？
五、你觉得最重要的原因是？
六、你希望本次培训达到的目标是？
七、你希望本次培训的主题是？
八、你希望本次重点阐述的内容是？
九、你觉得不需要阐述的内容是？
十、你希望本次培训的方式是？
十一、你还有什么需要补充的问题？

说明：“培训主题调查表”可以用面谈、电话沟通和问卷调查的方式填写，其中，面谈的效果最好。

工具 2：培训背景调查表（见表 2-4）

【工具模板】

运用范围：各类培训

目的：了解学员的具体情况，因材施教

适用对象：培训主管

调查内容：

表 2-4 培训背景调查表

一、最近一年是否发生过有影响力的事情，是什么？
二、你们团队比较独特的地方是？
三、参训学员对本次培训的基本态度是： □赞成 □反对 □无所谓

续表

四、参训学员以前是否参加过类似培训？ 1．参加的时间： 2．培训主题： 3．参加的人数：
五、这些学员喜欢的培训方式是？ □讲解式　　□训练式　　□活动式　　□案例分析式
六、学员状况（统计） 1．学员人数：男　　人；女　　人 2．学历：本科以下　　人；本科　　人；本科以上　　人 3．年龄：30 岁以下　　人；30～40 岁　　人；41～50 岁　　人；50 岁以上　　人 4．工作年限：5 年以下　　人；5～10 年　　人；10 年以上　　人 5．相关工作经验：5 年以下　　人；5～10 年　　人；10 年以上　　人

（请如实填写参加本次培训学员的基本情况）

学员名单表（见表 2-5）。

表 2-5　学员名单表

姓名	性别	年龄	岗位	职务	学历	工作经验	其他

说明：“培训背景调查表”可以用问卷调查的方式填写。

工具 3：培训内容调查表（表 2-6）

【工具模板】

适用范围：应急性培训、计划性培训

运用目的：找到培训对象的需求，确定课程内容及主次安排

适用对象：中高层管理技能

调查内容：

（为了确定哪些内容对提升你的工作最有帮助，我们需要你如实填写此表，请根据自己的具体情况有选择地回答，并在相应的地方做好标志）

表 2-6　培训内容调查表

培训内容	非常需要	需要	不需要
1．个人的时间管理方法			
2．要事第一的处事原则			

续表

培训内容	非常需要	需要	不需要
3. 有效的会议管理原则			
4. 提高组织会议效率的方法			
5. 科学判断的方法			
6. 科学决策			
7. 有效的授权			
8. 目标管理原则			
9. 计划管理			
10. 书面沟通技巧			
11. 口头沟通技巧			
12. 沟通原则			
13. 科学激励的原则			
14. 正激励的技巧			
15. 激励的时机			
16. 如何选择团队成员			
17. 如何激发团队士气			
18. 如何处理团队冲突			
19. 如何营造团队氛围			
20. 掌握团队成员个性			
21. 塑造自己的管理风格			
22. 提升执行力			
23. 当众讲话的技巧			
24. 培养积极的态度			
25. 提升学习能力			
其他（自行补充）			

说明：

① “非常需要”：2分；“需要”：1分；“不需要”：0分。进行加权得分排序，作为课程内容的主次安排依据。

② 这个调查表是讲授“管理技能”课程中所做的课程调查。如果是类似的课程可以借鉴，如果是讲授其他课程，也可以参考这种方式自行设计调查表。

2.1.2 课程开发的模型和工具

1．如何开发课程

（1）课程开发的管理学原理

① 木桶理论

木桶理论也称为“短板原理”，意思是一只木桶盛水的多少，并不取决于桶壁上最高的那块木板，而恰恰取决于桶壁上最短的那块木板。这个原理在本书中有多处运用。

课程开发是培训师必备的一项基本能力，同时也是很多培训师的短板，这会限制培训师的职业发展。

② 大树法则

大树法则有时也称为“关键因素法则”，是指在一片树林里，远远望去，一眼看到的就是那棵长得最高的树。它说明了关键因素的重要性，决定事物发展的、获取竞争优势的就是关键因素。大树法则和木桶理论是相对应的——木桶原理解决了短板问题，只能达到一般水平；要想有更大的优势，必须依靠大树法则。

对于培训师，课程开发能力就是关键因素，是培训技术的核心，它决定了培训师在培训行业里能走多远。如果说授课过程中的方法、技巧只是一些“招数”的话，课程开发才是真正的竞争之道。所以，开发属于自己的核心课程，是培训师获取竞争优势的重要途径。

（2）课程开发的作用

课程开发有什么作用呢？如果说培训是一场大戏的话，决定大戏效果的因素，除了现场表演以外，最重要的就是要有好的剧本，而课程开发就好比剧本创作，所以，课程开发对于培训起到了关键的作用。

（3）课程开发不力的典型案例

培训师在课程开发过程中常常会出现一些问题。

【情景描述】

一次，一个培训师班的学员找到××老师。

学员：××老师，今天没讲好，郁闷。

××老师：讲讲情况。

学员：主题是“中职生心理健康讲座”，时间 1 个小时。半年前给他们学校讲过。感觉还好，这是第二次给他们讲了，还没上一次讲得好。

××老师：哪里感觉不好？

学员：没有主题，有些乱。我串了又串，感觉还是不紧凑，内容零散。

××老师：哦，结构上有些问题。为什么会这样呢？

学员：以为会没问题，所以没有好好准备。结果，自己都能感觉到有问题，他们还说好。上次只是出点小问题，这次是内容上的问题，我感觉就是大问题了。

××老师：什么大问题？

学员：课件做出来后，自己都觉得不好，可还是按它讲了。

××老师：问题出在哪里？

学员：本来拿了一个案例做开头。后面的内容与案例联系不是很紧，我就感觉很散。

××老师：嗯，案例的选择不当，除此之外呢？

学员：哎，真的应该一次只讲一个点、一个问题。我本来是这样想的，做课件的时候听了几个同行的建议，就觉得这点也重要、那点也重要，结果内容太多了。

××老师：你的内容是怎么确定的？

学员：心理学和医学一样，有些专业框架，把专业的东西做出来，用故事去丰富它，然后进行技术性处理，就变成我的内容了。

××老师：也就是说，你是按照自己所想的去讲的，而没有考虑学员的需求？

学员：唉，是的。

上述案例反映了培训师在课程开发中存在的一些常见问题。

① **重点不明确。**不知道重点是讲什么内容。培训师总是感觉每个内容都很重要，但是实际的结果是什么都不重要。

② **标题不符合规范。**“中职生心理健康讲座”这个主题包含的内容太广了，仅仅 1 个小时的时间，根本讲不完。

③ **需求调查不明，内容不规范。**培训师没有真正掌握学员的需求，只是按照自己的想法和思路去做。

④ **结构混乱，或者没有结构。**每次 TTT 学员演示前，应用 1 分钟的时

间把自己要讲的内容结构概况介绍清楚，但是很少有人做到，这说明培训师自己的思路是混乱的。

2．如何设计课程结构

如何将授课内容有效地组织起来，成为一个有机的整体？所谓内容整体的结构，就是指正文的各个内容之间如何排序，以及用什么方式将各个内容连接起来。

1）课程结构化的管理学原理

“电梯时间”是麦肯锡公司衡量表达效果的一个重要手段和指标。它要求简述者在一分钟内，把自己要讲的内容简单明了地表达出来，便于大家理解。

电梯时间的模式是：

我今天给大家分享的主题是……我将分为以下 3 个部分进行阐述。

第一部分：开场

第二部分：正文

第三部分：结尾

正文是重点，我将从 4 个方面进行阐述：

第一方面……第二方面……第三方面……第四方面……

电梯时间也是培训师必须掌握的一项工具，在每次培训前，培训师都要试着用电梯时间对内容进行总结和概括，如果概括不出来，说明逻辑是存在问题的，在结构上也有不合理的地方。

如何掌握电梯时间？关键就是结构化，把内容结构化。

2）课程结构化的作用

（1）让内容逻辑清楚，便于表达

从表达者的角度看，结构化便于表达者按照某种符合逻辑关系的方式，把需要表达的内容有效、顺利地表达出来。如果结构是混乱的，就会导致思路混乱，表达就会出现问题。

（2）科学组织内容的顺序，便于理解

从听众的角度看，结构合理、逻辑清晰的内容，有助于听众在最短的时间内明白整体的结构、内容，便于理解和掌握其内容和含义。

3）课程结构化的 7 种模式

（1）时间式

时间式也称“先后式”，有时也称为“编年体式”就是按照事物发生的先后顺序连接起来。这种结构主要用于企业发展史、产品更新换代过程以及个人成长方面。常见的课题有企业文化中的企业发展史、新产品上市的发展史、员工职业生涯规划等。时间式是最简单也最容易掌握的一种结构模式。

例如：在 TTT 中，一位学员介绍公司的发展史：

公司的前身为……成立于 1995 年，当时公司的主要产品是……年销售额……主要市场是华南地区。1999 年，公司成立第一家分公司，主要产品有 3 类……销售额……主要市场由华南扩展到华东。2004 年，公司成立集团公司，旗下有 8 家分公司……产品分为 10 个大类……年销售额……已经迈向全国市场。2009 年，公司成功上市……

时间式既可以成为课程整体的主要结构，也可以是某个内容分支的结构，如讲的某个案例可以运用时间式。

（2）分类组件式

分类组件式也称为“单元式”“模块式”，即把内容按照某种维度分成几个模块，然后将各个模块按照某种方式组合起来。分类组件式又包括以下几种模式。

① **并列式。**模块之间是“平级”“并列”的，没有先后关系，也没有包含关系，可以打乱顺序，按照不同的顺序进行组合。

例如，“管理者的 5 项修炼”“销售精英的 10 堂课”，里面的各个模块可以按照不同的顺序组合。“商务礼仪”课程也属于这种情况，其“着装礼仪”“形体礼仪”“社交礼仪”“服务礼仪”等模块是可以按照不同的方式组合的。

② **空间式。**即按照空间的顺序将各个模块组合起来。

例如，按照方向可以分为“华北”“东北”“华中”“华南”等市场。也可以按照“由里到外”“由上到下”等方式。例如，一个学员介绍他们生产的汽车的驾驶室的时候，就用“空间式”，由外观介绍开始，到驾驶室的内容设置，这样的顺序比较符合人们的思维方式。

③ **进阶式。**即各个模块是按照发展阶段的“进阶”组合在一起的，这和时间式有点相似，都是按照逻辑的先后排序。但是二者还存在不同：时间式有具体的时间点。例如“某年”“某月”这样明显的时间段；而“进阶式”是按照某个阶段划分的，这个阶段的“时间点”是不明显的，无法用具体的时间概念来阐述。

例如，讲员工的职业生涯规划可以用时间式表达：第一年做什么，第二年怎么发展，第三年怎么发展。而进阶式是：第一个阶段做基层员工，第二个阶段做主管，第三个阶段做经理。

选择模式的依据是：有具体时间的阶段性的就选择时间式，没有具体时间的阶段性的就选择进阶性。

分类组建式的优点：把事物分类，简单明了，便于理解和掌握。

（3）A/B 式

就是按照 A 和 B 两个部分组成的模式。A/B 式又可分为以下几种方式。

① 问题/解决方案式。第一部分提出问题（作为 A），第二部分针对这个问题提供解决方案（作为 B）。比如，“管理者常犯的 10 个错误”课程就采用这种方式——第一部分：拒绝承担责任(A)；第二部分：让管理者勇于承担责任（B）。

② 形式/功能式。这种模式常常运用于讲述某种仪器设备，首先介绍仪器的某种形式，然后介绍这种形式有什么功能。如“灭火器的使用”，可以采用这种方式。

③ 设问/解答式。提出一个问题，然后进行解答；然后再提出一个问题，进行解答。

A/B 式通常作为局部的一种结构模式，而很少作为整体的结构模式，除非是内容比较少的时候。如果内容太多，用时太长，就需要和整体的结构模式配合运用。

例如，“管理者常犯的 10 个错误”这个课程，整体是分类组件式——10 个错误作为 10 个组件，然后在组织每个组件（错误的表现）时用 A/B 式。

管理者常犯的 10 个错误

A．逃避责任。

a．逃避责任的表现

b．解决方案：加强教育，提高认识

B．没有培训下属。

a．没有培训下属的表现

b．解决方案：加强认识培训下属的意义，提高培训下属的能力

……

（4）案例分析式

提出案例，进行分析；再提出案例，再进行分析。案例分析式既是一种

结构模式，也是一种教学方式。

如果内容比较多，案例分析式常常用得比较少。案例分析式更多用于局部，整体上用案例分析式不多。因为不可能整个课程只分析一个案例，除非时间很短。如果时间短，可以只用案例分析式。

例如，目前全程采用“案例分析式”的“情境高尔夫”课程，整体采用“分类组件式”，全部课程设置 18 个洞（典型案例），然后对每个案例进行分析。其中，“分类组件式”属于“进阶式”，18 个洞的案例并不是简单的并列关系，而是按照计划、组织、实施、协调、监控、评估这种“进阶式”的逻辑排序的。所以，“情境高尔夫”课程是主结构“进阶式分类组件式”+辅结构“案例分析式”。

（5）矩阵式

矩阵式就是设计某个矩阵，然后就矩阵的每一个模块分别进行阐述。矩阵式在视觉上给人产生冲击力，很容易让人理解其中的逻辑关系。矩阵式还给人感觉“有科学”的效果，通常能够设计为“矩阵”的都是很科学的。在培训中矩阵式用得不多。

时间管理的 4 个象限就是矩阵式，如著名的波士顿矩阵等。性格分析也是用矩阵式。

（6）对比式

将两个事物通过比较的方式进行阐述，可以很快把各个事物的优、缺点凸显出来。本书很多内容都是采用的这种方式，如讲“需求调查”时，介绍各种调查方法就是采用的对比式。

（7）复合式

以一种结构为主，结合几个结构模式为一体的结构模式。通常一个完整的培训都是由复合式结构组成。

复合式=主结构+辅结构

培训的内容就像一棵大树，主干就是主结构，枝叶就是辅结构。越是长得好的树，其主干越是清晰；相反，那些低矮的风景树常常是枝叶交织在一起、杂乱无章的。

常见的复合式结构一般前者为主，后者为辅。

时间式+A/B 式

时间式+案例分析式

分类组件式+A/B 式

分类组件式+案例分析式

分类组件式+矩阵式

我每次 TTT 讲结构化的时候，总是让学员重新设计自己讲课内容的结构，很多学员的课件要做较大幅度的修改，有的甚至需要完全打破重来。但是一旦调整好了，整个课程的流畅性就大大提高了。

结构化课程，其实是结构化思维。思维的改变是很难的，但也是必需的。优秀的课程都是结构化非常清晰的课程。大多的图书让人眼花缭乱，也难免鱼龙混杂。而优秀的图书总是通过目录就能表明整体思路。如何在有限的时间内书海拾贝？第一时间去看图书的目录，看逻辑是否清楚，结构是否合理，然后选择某个章节阅读，再对整本图书做个判断，从而决定是否购买。

4）选择结构模式的 3 个依据

用什么样的模式更为合理呢？用什么作为依据进行选择？主要依据有以下几点。

（1）事物本身的内在结构

根据事物本身的结构选择相应的模式，这是根本依据。培训师不能凭空选用某种模式，而是要深入分析内容本身的内在关系，从中选择最适合的方式。

（2）便于表达和理解的模式

有时候事物内部之间可能存在几种结构关系，这时选择哪一种呢？要优先选择最适合表达和理解的模式。

（3）选择培训师最擅长的模式

如果事物本身有几种结构模式，也有几种模式便于表达和理解，那么将哪种结构模式作为首选呢？要选择培训师自己最擅长的模式。培训师要根据自己独特的个性和习惯，优先选择自己最擅长的模式。

5）将内容结构化的流程

将内容结构化，可以依据以下流程。

第一，分析内容的内在结构，到底是以什么方式组合的，然后看看有几种分析思路。

第二，选择主要的结构模式，选择最容易阐述和理解的作为主要结构。

第三，将各个内容归类。将各个内容划入某个类别中，如果划不进去，说明归类的方式是有问题的。

苹果、西瓜、土豆、番茄、蔬菜、黄瓜，这几项怎么归类?

思路1：

首先看所有内容的相似点：都是食品。

然后分两类：

蔬菜：土豆、番茄、黄瓜。

水果：苹果、西瓜。

上述是按照食品类型分类的，这种分类方法是容易理解的。

思路2：

还有其他分类的思路吗？看看它们的相似点，然后看不同点，发现除了“蔬菜”以外，其他都是具体的实物。所以第二个分析思路是按照表述方式，分为抽象的和具体的。

抽象的：蔬菜。

具体的：土豆、番茄、黄瓜、苹果、西瓜。

注意：这里所说的内容的结构化，主要是指 Word 文档的结构化，在文档内容结构化后，PPT 的结构化，相对就比较简单了。

3．如何充实课程内容？如何拥有自己的核心课程体系

课题名称设计方法

（1）设计课程名称的意义

给课程设计一个专业而具有吸引力的名称，是课程开发中的一个重要环节，如同一个好名字是塑造一个好品牌的基础。

课程名称的确定并不固定在某个时间段，可以在主题确定后设计名称，也可以在内容设置后设置名称，既可以在结构模式确定后设计，也可以在 PPT 制作过程中设计。

（2）设计课程名称的流程

① **明确培训对象。**对于培训师来说，明确了培训对象，可以使备课和授课更加有针对性。

② **明确培训主题。**这可以让参训者明确自己是否需要该培训。对于培训师来说，确定了培训主题才可以设计相应的内容。

③ **设计课程名称。**根据培训对象和培训主题设计课程名称。名称的结构

通常是“主语+谓语”。像“关于新员工入职培训”这样类似于“通知”的标题就不合适，可以改为“新员工入职培训”。

（3）规范的课程名称的要求

一个好的课程名称要让参训者一目了然：第一讲什么；第二讲给谁。要包括培训对象和培训主题，让人明白“让谁来学习什么”。对于培训师来说，就是“给什么人讲什么内容”，真正做到因材施教。

标准的课程名称公式：课程名称=主题+对象

就同一个主题，对不同的对象可以讲授不同的内容。

如果对象没有确定，如何确定具体的内容呢？

例如，“赢在执行”这个课程，如果仅仅看“赢在执行”，可以看出是讲关于执行的主题，但是对象是谁呢？“执行”这个主题，对于企业高层来说，需要制定执行的制度、“赢在执行”的企业文化和氛围；对于中层管理者来说，在于制定可以被执行的方案、措施；对于基层的员工来说，执行关键在于做事情，把事情完成。如何没有确定培训对象，培训师对要讲的内容心里是没有底的，很多时候只能讲一些大而广、缺乏针对性的通用内容。这样必然会影响培训质量。

从这里可以看出，给课程设计名称表面上看仅是取个名字。看似很简单，其实包括了很多内容，本身就是一个课程开发的过程。

4．常见的课程名称设计失误

不规范的课程名称有以下几种类型，见表 2-7。

表 2-7　不规范的课程名称类型

类型	典型名称	问题所在
有对象无主题型	“赢在中层”	看得出内容吗？大胆想象会讲什么内容
有主题无对象型	“问题的分析与解决”	这样的标题看起来很给力，但是仔细一看，讲给谁听的？不可能是讲个每个人的吧
耸人听闻型	“马上成功”、“超级成功学”	成功真的那么容易吗
不知所云型	“打造百年企业的捷径”	有捷径可走还需要 100 年？猜猜会讲什么
包罗万象型	“人力资源管理”“营销心理学”“财务管理”“企业文化”	这不是一个课题，而是一个系列课题，甚至是一门学问。几天的培训就能解决这些问题，你不感到有“压力”
唯我独尊型	“第一销售秘诀”、“卓越企业家第一成功法则”	自古“文无第一，武无第二”，谁敢称第一？好像成功的企业（家）都是你培训出来的
以偏概全型	“赢在执行”“细节决定成败”	听了这个课题的都会赢？都决定成败？包治百病的良药

规范的课程名称有以下几类，

类型	典型代表	说明
对象+主题	“店面人员的职业化修炼” “非人力资源管理经理的人力资源管理” “柜员销售技巧培训” “中层管理者管理技能训练”	对象和内容非常明确
主题+对象+量化	“高效能人士的 7 个习惯” “高层管理者的 7 项修炼”	不仅包括主题和对象，还把课程内容量化
双标题	“情境高尔夫——向下管理——如何有效地管理下属” “赢在执行——提升中层执行力的 5 项修炼”	一个标题不足以表达时，可以用双标题的方式

5. 关于课程开发的答疑及工具

（1）关于课程开发的两个疑问

疑问 1：课程内容除了可以通过需求调查得到，还有什么方式可以得到？

便捷的方法是上网“百度”一下，会得到很多相关的内容。这是一种非常便捷的方式，是很多培训师常用的，尤其对于内训师来说，省时省力。

但是记住，网络上收集的内容，你可以借鉴，但决不能照搬，一定要有所改变，有所创新、有所提升。你可以模仿人家怎么吃螃蟹，但是绝不要吃别人吃过的螃蟹。

如果把人家的东西简单地复制过来，会带来以下风险：第一是侵犯别人的知识产权；第二是一旦被学员发现，会给学员留下不好的印象；第三是培训师在讲授的时候，很有可能因为不是自己的东西而记不住。

疑问 2：如何开发自己的核心课程？

开发自己的核心课程，是培训师提高竞争力的重要手段和途径，也是培训师从优秀到卓越的必经之路。

（2）关于课程开发的 3 个工具

工具 1：TTT 培训背景调查表

【工具模板】

运用范围：TTT 培训（见表 2-8）

目的：了解学员的具体情况，因材施教

适用对象：培训主管

调查内容：

表 2-8　TTT 培训背景调查表

一、最近一年是否发生过有影响企业培训师队伍的事情，是什么？
二、请谈谈你们团队比较独特的地方是？
三、参训学员对本次培训的基本态度是： □赞成　　□反对　　□无所谓
四、参训学员以前是否参加过类似培训？ 1.参加的时间： 2.培训主题： 3.参加的人数：
五、这些学员喜欢的培训方式是？ □讲解式　　□训练式　　□活动式　　□案例分析式
六、学员状况（统计） 1.学员人数：男　　人；女　　人 2.学历：本科以下　　人；本科　　人；本科以上　　人 3.年龄：30 岁以下　　人；30～40 岁　　人；41～50 岁　　人；50 岁以上　　人 4.工作年限：5 年以下　　人；5～10 年　　人；10 年以上　　人 5.相关工作经验：5 年以下　　人；5～10 年　　人；10 年以上　　人

（请如实填写参加本次培训学员的基本情况）

学号名单表（见表 2-9）

表 2-9　学员名单表

姓名	性别	年龄	岗位	职务	学历	工作经验	其他

说明：“培训背景调查表”可以用问卷调查的方式填写。

工具 2：TTT 培训内容调查表（见表 2-10）

【工具模板】

适用范围：企业培训师培训（TTT）

调查对象：培训组织及管理者；参加的学员

调查目的：掌握学员对于培训内容的具体需求

调查内容：

为了让本次培训真正满足需求，确保培训效果，请根据具体情况如实填写。注意：每项只能而且必须选择一个。

表 2-10 TTT 培训内容调查表

类别	名称	内容	不需要	需要	很需要
课程开发	1. 需求调查	掌握学员需求的各种调查方法			
	2. 课程开发	设计内容、课程命名、设计结构			
	3. 案例设置	选择和设计案例，提升案例的专业度			
	4. PPT 制作	掌握制作 PPT 的原则、方法和技巧，增加 PPT 的魅力			
课堂呈现	5. 克服紧张	突破上台紧张，保持最佳状态			
	6. 专业形象	塑造专业的讲台形象，提升现场魅力			
	7. 课程导入	开场白设计和展示，掌握开场白的具体方法和技巧			
	8. 紧密连接	有效地过渡，掌握让整个课程有机连接的方法和工具			
	9. 时间控制	有效管理时间，做到重点突出			
	10. 有力结尾	设计有力的结尾，做到有始有终			
培训保障	11. 互动技巧	增加现场互动，营造培训氛围			
	12. 控场技巧	有效地控制培训现场，促进培训顺利进行			
	13. 问题处理	合理地处理现场的问题，设问和答疑			
	14. 培训管理	科学组织培训，掌握现场服务及培训评估的方法			
精彩演绎	15. 文字语言	让语言生动丰富，具有表现力			
	16. 语言语调	声音抑扬顿挫，具有魅力			
	17. 身体语言	掌握眼神、表情、动作等身体语言的运用，提高表达效果			
	18. 精彩呈现	提高呈现效果的方法，运用情感创新和幽默的力量			
	19. 培训模式	各种培训模式的运用方法、技巧			
	20. 性格分析	掌握自己的性格，塑造最佳的培训风格			
	21. 成长之道	进行培训师的职业发展规划			

说明：

① 调查结束后需要进行统计。“很需要”2 分；“需要”1 分；“不需要”0 分。根据统计状况设计课程内容及课程重点，分数越高越重要。

② 最好是用问卷调查法调查。

工具 3：选择课程结构模型（见表 2-11）

运用范围：所有培训

目的：确定课程结构模式

适用对象：培训师

表 2-11 选择课程结构模型

模式	内容	选择与否	备注
时间式	● 时间的先后顺序		
分类组件式	● 并列式 ● 空间式 ● 进阶式		
A/B 式	● 问题/解决方案式 ● 形式/功能式 ● 设问/解答式		
案例分析式	● 提出案例；逐步深入分析 ● 和 A/B 式相似		
矩阵式	● 矩阵形式		
复合式	● 几种模式的有机统一 ● 主线清楚		

6. 什么是 PRM 课程开发模型

PRM 是“现象呈现”（Phenomenon）——“原因分析”（Reason）——“措施及解决方案”（measures）的简称。PRM 模型也称为“咨询式培训模型”，就是在借鉴咨询项目操作流程的同时，结合培训项目的特点而形成的一种课程开发模型。简而言之，PRM 模型是用“填空”的方式来开发课程（后文中会有一个标准的模板做示例）。它更适用于企业内部培训师，因为他们不会像职业培训师一样，能花很多时间在课程开发上，内部培训师需要的是逻辑清晰、操作简单，一学就会、会了就能用、一用就灵的课程开发模型。

（1）现象呈现

即列举培训对象存在的各种不良现象，用麦肯锡“相互独立，完全穷尽”的原则，把所有的现象尽可能地罗列出来。

需要注意的是，这个步骤需要明确的是现象，而不是结论。不要过早下结论，因为有时我们看到的只是表面现象。培训师在调查中要鼓励对方说话，不管对方说什么，都要表示支持，绝对不要打压和反对。

（2）原因分析

即分析和挖掘导致以上现象的原因。这就要求：

- 尽可能把与之相关的所有原因都找出来，绝不遗漏。
- 分析导致现象的最重要的原因，做好轻重缓急排序。
- 找到首要原因。

（3）措施及解决方案

即按照“传道、授业、解惑”设置内容：

- 传道：一是专业知识，这是基础；二是解决问题的原则、原理和指导思想。
- 授业：给出解决这类问题的具体方法、技巧、工具，确保培训效果。
- 解惑：答疑解惑，设置问题解答环节。

在整个课程开发体系中，将5W1H（Why、What、Where、When、Who、How）融入其中。

说明：“现象呈现”和“原因分析”只能通过调查获得，不能是培训师自己想象出来的“现象”和“原因”；“措施及解决方案”是培训师根据需求调查情况，结合自己的专业所提供的解决方案。

7. 如何运用PRM模型开发课程（见表2-12）

说明：为便于理解和掌握PRM课程开发模型，下面以培训师讲授较多的“高效沟通”课程为例，设置一个模板，你完全可以根据具体情况，进行“生产管理”、“绩效管理”、“时间管理”、“团队合作”等其他课程的开发。

【例】PRM课程开发举例（高效沟通）。

（1）现象呈现（P）

为掌握真实状况，确保培训效果，请如实回答以下问题：

① 请列举沟通方面存在的一些情况。

② 你认为沟通方面存在哪些问题？

③ 在实际工作中，为你带来负面影响的是哪些沟通方式？

④ 你觉得最不满意的沟通现象有哪些？

⑤ 对于沟通，你最惨痛的经历是什么事情？

⑥ 在你看来，你的上司在和你沟通中存在什么问题？

⑦ 你和同事之间的沟通障碍主要体现在哪些方面？

⑧ 在对上、对下和平级之间的沟通中，什么现象让你不满？

⑨ 你最想解决的沟通问题是什么？请列举三项。

⑩ 对于沟通，你还有什么样的补充？

注：在现象呈现过程中，要选择合适的调查方式，通常用“问卷调查”和“访谈法”。

（2）原因分析（R）

对于上述沟通方面存在的问题，你觉得最主要的原因有哪些？

公司外部原因：______________________________

（如果有，请详细列出来；如果没有，就不用列举。）

公司内部原因：______________________________

① 公司方面：（你觉得导致沟通不良的原因主要是？有的话请列举。）

- 企业文化：______________________________
- 公司的规章制度：______________________________
- 公司新的政策：______________________________
- 公司最近发生的重大事件：______________________________

② 个人方面：

- 缺乏相关的知识：______________________________
- 没有掌握沟通技能：______________________________
- 对高效沟通的作用缺乏正确的认识：______________________________

（3）措施及解决方案（M）

主题：如何提高公司内部沟通绩效

课程内容：______________________________

表 2-12 PRM 模型

<table>
<tr><td colspan="3">第一部分：P 现象呈现——常见的十大沟通误区（占时 10%左右）</td></tr>
<tr><td rowspan="5">第二部分:R 原因分析
——产生以上沟通误区的原因（占时 10% 左右）</td><td colspan="2">1. 公司外部因素（如果有，简单提及）</td></tr>
<tr><td colspan="2">2. 公司层面的因素（淡化，提示会用其他方式解决）</td></tr>
<tr><td rowspan="3">3. 员工方面存在的问题（最大问题是“缺乏沟通技能”）</td><td>欠缺沟通方面的知识</td></tr>
<tr><td>没有掌握正确沟通的相关技能</td></tr>
<tr><td>对高效沟通的作用缺乏正确的认识</td></tr>
<tr><td rowspan="8">第三部分：M 解决措施——如何提高沟通技能，实现高效沟通 5W1H（重点，占时 80%左右）</td><td rowspan="2">1. 传道：关于沟通的知识和原则（占时 10%左右）</td><td>What：什么是沟通；沟通的原则有哪些</td></tr>
<tr><td>Why：沟通的作用和目的是什么</td></tr>
<tr><td rowspan="4">2. 授业：提高沟通技能的方法和技巧（占时 80%左右）</td><td>How：如何讲；如何听；如何做到双向沟通；如何处理争议</td></tr>
<tr><td>Who：上对下如何沟通；下对上如何沟通；平级之间如何沟通；如何与客户沟通</td></tr>
<tr><td>When：沟通的时间和时机</td></tr>
<tr><td>Where：沟通的场合和地点</td></tr>
<tr><td colspan="2">3. 解惑：沟通中常见的困惑有哪些；个人会遇到哪些特殊的问题（占时 10%左右）</td></tr>
<tr><td colspan="2">4. 确定名称：主标题“提升沟通技能，实现高效沟通”，副标题“某某公司中层管理者沟通培训”</td></tr>
</table>

说明：从上例可以看出，PRM 模型是由两个 PRM 套在一起的，前一个的 M 中包含后面的 PRM，后面的 PRM 中又包含前面的 P 和 R。也就是说，前期做的需求调查中发现的问题，要作为案例进入培训的内容，将前期的调查和后期的训练有机结合起来。如果前期调查所得不作为正式的培训内容，那么前期工作就白干了，也会导致培训内容缺乏针对性。

PRM 是一种非常简单可行的课程开发操作模型。培训新手完全可以用此“填鸭式”来开发课程。而培训经验非常丰富的培训师，不一定完全按照每个细节操作，但是同样可以借用 PRM 模型进行课程开发。完整的课程开发，除了内容设置以外，还要包括结构设计和确定名称。

附：PRM 课程开发模型完整案例

一家信托投资公司请××老师做 TTT；××老师与该公司人力资源总监刘总和培训主管小李进行了面谈。

第一步：现象呈现。

× × 老师：刘总，你们打算做 TTT？那请你介绍一下背景，为什么要做 TTT？

刘总：其实，做 TTT 是去年的一个计划，由于时间关系一直施到现在。如今已经感觉刻不容缓了。因为我们市场发展非常快，业务量非常大，同时还要开设好几个分理处，这就需要招聘大量的新员工。

第一，这些新员工很难迅速接受我们的企业文化，不能很快地触入公司，导致新员工流失非常严重，我们的招聘人员每天都去招聘，这给我们带来很大的工作量。

第二，新员工缺乏相应的专业知识和技能，影响业务的开展。因此我们想主要解决这个问题，要加强内部的培训。

我们培训的目的很简单：宣导企业文化，留住员工；加强专业能力培训，提升员工。

× × 老师：咱们的内训师水平怎么样？对于他们，公司认为哪些方面还有待提升？

刘总：一是课程设计方面，他们都不太会做课件，有些课件是我们做好了给他们，他们照着讲。二是培训技巧方面，常常是他们自己在讲，没有什么互动，现场氛围很差。课程的生动性和吸引力不足，给人感觉不是在培训，更像是在开会。总之，这个“味儿”不太像培训。三是他们对于培训师的认知存在一些误区，好像他们不应该做培训。

第二步：原因分析。

× × 老师：为什么会有这样的状况，他们以前参加过 TTT 吗？

小李：他们都没有参加过，只有我参加过。他们都是业务高手，但就是不会培训。

× × 老师：哦，也就是说，他们都没有经过系统的培训师技能方面的训练？

刘总：没有，呵呵，所以要请您讲这个课程。

第三步：解决方案。

× × 老师：我手里有两份资料。一是“TTT 培训背景调查表”，这主要是了解本次培训背景的，等会请你们填一下，尤其是学员个人状况要写清楚。

二是“TTT培训课程内容调查表”，这主要是调查具体的需求，用来设计课程的。这个调查表的调查内容就是作为培训师需要

掌握的21项技能，根据每家企业的具体情况选择讲哪些项。

（接下来，将21项内容逐项给他们做介绍，然后让他们做出选择。）

××老师：通过逐项沟通，我们基本上找到了本次培训的需求，但是这还不够，还需要对参训的学员做调查，两者结合起来才能确定内容。等调查内容出来了，咱们根据具体情况确定培训需要几天。

……

几天后，根据调查情况，设计了以下方案：

××金融企业培训师培训方案：企业培训师10项修炼

培训目标

1．正确认知培训师的角色

2．掌握培训的相关技能

3．提高培训技巧

4．提升培训质量

5．建立一批合格的企业内部培训师

培训方法

讲授+演练+考核

培训时间：3天2夜全封闭培训

培训大纲

第一项修炼：对症下药——课程开发

如何开发课程？如何设计结构？如何充实内容？如何拥有自己的核心课程体系？什么是PRM课程开发模型？如何运用模型开发课程？

现象呈现：分析学员在课程开发中存在的问题

传道：课程开发的原理

一、课程开发的管理学原理

二、课程开发的3个作用

三、课程开发的常见模型

授业：科学地设计课程

一、课程开发的方法和流程——PRM开发流程

第一步：现象呈现

第二步：原因分析

第三步：措施和解决方案

二、设计课程的结构模式

1. 结构模式的含义和作用

2. 7 种结构模式的操作技巧

3. 选择结构模式的 3 个依据

三、设计课题名称

1. 常见的课题命名的 3 种错误

2. 课题名称的模式

3. 课题命名的方法

解惑：关于课程开发的答疑及工具

一、课程开发中常见的 3 个问题解答

二、课程开发的工具使用

三、学员演练及点评

第二项修炼：血肉丰满——案例组织

……

上述就是运用 PRM 课程开发模型进行课程开发的一个完整的案例，大家可以根据自己的具体情况运用这个模型。

2.1.3 案例组织的原则和方法

1. 如何选择案例

案例不当的典型案例

在一次 TTT 中，设计了学员实战演练的环节，其中有一项是“5 分钟讲故事”，要求学员讲“你印象最深刻的事”，可以是自己经历的。也可以是听说的或者改编的。

当时有个学员小张讲了下面这样一个故事。

【情景描述】

大家知道，卡内基是一位大富翁。可是他年轻的时候，也是从小业务员做起的。卡内基大学刚毕业的时候跟现在的大学毕业生一样，满世界地找工作。有一天，卡内基看到一家公司正在招聘业务员，主要的工作就是帮助公司外出采购。当天应聘的人很多，经过筛选，最终留下了3个人，其中就有卡内基。

由于这3个人的表现旗鼓相当，于是招聘方加试了一道题。题目很简单，就是“假定公司派你去一家工厂采购2000支铅笔，来回往返，再加采购，你一共需要多少钱？”于是这3个人交出了3份不同的答卷。

第一个人说，自己需要花120美元，其中2000支铅笔需要100美元，其余的杂费，连吃喝和住宿等需要20美元就可以了。主考官说，你先坐下吧！未置可否。第二个人说，我需要花110美元就够了。第三个人就是卡内基。他说，自己需要花113.86美元。看到这份考卷，主考官就纳闷儿了，怎么会算出这样的价格呢？

卡内基说，铅笔每支5美分，2000支100美元，我们3个人对于这个价格是一致的。从我们公司到这家工厂的车费是4.8美元，午餐是2美元，而从工厂到汽车站有半英里长的路程，所以需要搬运工人进行搬运，需要支出1.5美元。因此，总费用就是113.86元。主考官听完卡内基的介绍之后，一致认定他就是本公司要找的人。卡内基就是因为算的这笔细账就被录用了。这是就卡内基找工作的故事。

以下是一段对话：

××老师：这个故事讲得真好，来自哪里的？

小张：在作文网站看到的。

××老师：当时讲这个故事的意义是什么呢？

小张：说明卡内基很认真细致，一丝不苟。

××老师：嗯，很好，那么用这个案例要论证什么观点呢？

小张：有点记不清了，好像是讲成功人士要有严格细致。一丝不苟的工作态度。

××老师：观点记不清了，但是你的数字很准确——“卡内基买2000支铅笔需要总费用就是113.86元。”——我现在还不知道结果怎么计算来的。

小张：呵呵，你昨天布置了作业，我昨晚上网查的。

××老师：上网查的？你查的时候，没有看到和这个故事相关的一些信息吗？

小张:嗯。是看到一些，好像对这个案例有争议。但是你要求的是“印象深刻的故事”，我觉得这个故事给我印象深刻。所以就讲了。

××老师:这个故事讲得很好，但是就这个案例本身来说，有些问题。

案例中这个故事很多读者都听说过，很多培训师也引用过这个案例。为什么要用这个案例作为典型案例来讨论?因为这个常见的案例恰恰反映了培训中常犯的一些错误。

2．案例不当的 5 个常见问题

（1）案例有争议

争议 1：有关这篇文章在网上流传，就好像是我们国家古代诸葛亮的“空城计”，成为家喻户晓的事情。诸葛亮的“空城计”有专家考证过说这件事是假的，当时诸葛亮根本就没和司马懿碰过面。还真有专家因为卡内基这件事后去考证事实的，

争议 2：卡内基的成功不是因为刚开始做过业务，而是因为他在宾夕法尼亚铁路公司的 10 余年中平步青云，24 岁就升任该公司西部管区主任，年薪 1500 美元，并逐步掌握了现代化大企业的管理技巧，也抓住时机，初试牛刀，参与投资，而且频频得手，慢慢积累得小有资财，为他以后开办钢铁企业奠定了一定的经济基础。

以上 2 点就是有争议的，有争议的案例会形成反论证。因为怀疑这个案例的真实性，就会怀疑论点“卡内基成功的原因是严谨细致的”是否正确。

（2）案例不具有典型性

案例具有典型性，才能举一反三，激发大家向优秀靠拢、追求卓越。太过个性化的案例缺乏借鉴价值。

卡内基之所以受到世人的尊敬，不仅是因为他是一位成功的企业家，更重要的是因为他在事业成功之后，他的财富几乎全部捐献给了社会公益事业，卡内基的案例缺乏典型性。从这个角度讲，并非“好的事件”都可以作为案例。

下面也是一位培训师所讲的故事。

大家今天来是想找到成功的秘诀。那么成功是否真的有秘诀呢？如果有的话，到底是什么呢？我给大家讲一个年轻人的故事。在 10 年前，有位年轻人，一没学历，二没资金。家里非常穷。一个月只花费 3 元，每天都是自来水加冷馒头（已经声泪俱下了）。最穷的时候仅有 3 毛钱。他决定要做人上人。在最穷时，他也没有放弃对成功的追求，相信自己一定会成功。因此他拼命地寻找

成功的方法。后来他终于找到了成功的秘诀，并且成功了。这个人是谁呢？这个人就是我。今天我就把自己成功的秘诀分享给大家。大家欢迎不欢迎？

这是某些培训师常用的案例。这样的案例看起来很感人，其实经不起推敲，因为过于个性化。成功可以复制吗？不可以。文凭可以复印，成功却不可复制。每个人的经历是不一样的，过于个性化的案例不具有普遍性，自然缺乏说服力和借鉴意义。

（3）案例陈旧

在讲到要有积极的心态时，很多培训师都喜欢讲下面这个“哭婆和笑婆的故事”。

古时候，有个老婆婆总是在一座庙前不停地哭，晴天哭，雨天也哭，人们都叫她哭婆。

一天，有个老和尚问她：“老人家，你为什么哭得这么伤心？”老婆婆说：“我有两个女儿，大女儿卖雨伞，小女儿卖布鞋。晴天的时候，大女儿的雨伞卖不出去；下雨的时候，又没有人买小女儿的布鞋。她们挣不到钱，可怎么生活呀？一想到这些我就难过。人呀，怎么这么难？”说完又悲悲切切地哭了起来。

老和尚说：“老婆婆，你为什么不反过来想呢？晴天，你小女儿的鞋店前门庭若市；雨天，上街的行人又都往你大女儿的伞铺里跑。无论下雨还是晴天，你的女儿都有生意呀！这样不就不苦了吗？”老婆婆觉得他的话有道理，便听从了他的劝告，从此，天天笑得合不拢嘴，哭婆变成了笑婆。

这是一个老掉牙的故事，好像只要涉及“心态”方面的话题，就要讲这个案例。为什么不创新一下呢？怎么创新？后面会讲到。

（4）案例不能证明观点

这在内训师授课中是很常见的，讲课的时候，列举了很多案例，但案例是案例，论点是论点，没有产生直接的联系，案例成了摆设。

有一次××老师给某汽车公司做 TTT，一个学员的授课主题是“驾驶室的安全性”。他讲了很多案例——涉及该公司的销售额、市场占有率、获得的证书奖项之类的——这些好像与主题相关，但关系不是很紧密，听众需要绕几个弯才会明白。这倒不如讲几个直接的案例：第一，讲发生事故时，因为驾驶室的原因，人员没有受伤的情况；第二，列举一些关于驾驶室方面的数据。后来有其他学员运用这样的案例，取得了很好的效果。

再用下面这个案例举例说明。

一次，美国西南航空公司从亚利桑那州首府菲尼克斯飞往加利福尼亚州的客机发生意外。这架客机因顶部出现大洞在亚利桑那州成功迫降，除了一名空乘人员受轻伤外，其他人安然无恙。在出现意外的时候，大家都非常惊慌，一名叫艾米的乘客在飞机成功迫降前给她先生发了一条短信："约翰，我永远爱你，请你照顾好我们的孩子。"

这件事情给我们的启发是：爱，不要等到快要失去生命的时候才感到珍惜；爱，就在身边，好好珍惜吧！

刚听到这个案例，大家都感觉很好，但是后来突然有人发现："不对呀，飞机上怎么能发短信?"于是引起大家激烈的争论。

在培训中，类似的存在细节漏洞的案例有很多。其实只需稍微修改一下，将"短信"改为"纸上留言"，这就是一个好案例。

3．如何组织案例

1）案例假设里的管理学原理

（1）证实偏见原理

即人们普遍偏好能够验证假设的信息，而不是那些否定假设的信息。

如果一个培训师仅仅提出某个观点，但是没有运用案例进行论证，那么就很难让人接受这些"干条条"。现在的学员都不喜欢"理论"式培训，更不喜欢"教训"式培训。当培训师提出一个观点时，学员就可能会想"为什么呢"、"那又怎么样呢"所以培训师必须通过案例来论证观点。

"证实偏见"还有另外一个含义：由怀疑产生怀疑。如果听众对你的观点产生怀疑，就会对你的论据产生怀疑；同样，如果怀疑你的论据，就会怀疑你的观点。因此，"证实偏见"原理要求培训师在案例选择中要遵循相关的原则。

（2）以点带面原理

一个好的案例必须具有典型性，起到以点带面的作用。因为无论这个案例有多么棒，它也仅仅是一个案例，如果不能从这个案例得到普遍性的结论，那这个案例就只停留在一个案例上。由此及彼，举一反三才是设置案例的真正目的。

（3）奥卡姆剃刀原理

也称为"简单有效原理"，即"如无必要，勿增实体"，"切勿浪费较多东西去做较少的东西同样可以做好的事情"。

这个原理告诉给我们，案例是必要的，但是案例不要太多，不要堆砌案例，而是将案例有效地组织起来。通常来讲，一个观点最多不超过 3 个案例。重要观点可以是 3 个，次重点可以用两个，一般的只需一个案例。

请牢记，运用案例的目的是为了让学员记住观点，而不是案例。案例是为观点服务的，所以，当讲案例时，一定要提示观点。如果你去约会，对方只记住了你穿的漂亮衣服，而没有记住你，是不是很悲催?

（4）美学原理

好的培训不仅能传授知识、提升技能，还能给人以美感。如何做到有美感?

培训就像一栋大楼，培训的主题和论点就是大楼的整个框架，而案例就是框架结构中的砖块，好的案例就像好的装修，结构不好的叫作烂尾楼，没有装修的叫作毛坯房。培训要呈现给学员的是结构合理、装修漂亮的“精装房”。

2）设置案例的作用

① **证明观点。**案例是为论点服务的。

② **充实内容。**树木只有主干是不够的，还需要枝叶，最好有果实。同理，各种形式的案例能够让课程内容更加丰富多彩。

③ **丰富形式。**好的案例能让形式更加丰富，便于学员吸收和记忆。学员很难记住枯燥的结论，案例可以帮助学员记住论点。

3）如何用述案例

（1）选择案例的 4 个原则

① **能够证明观点。**案例和观点是有联系的，能够证明观点。

② **具有典型性。**具有典型的特征，而不是太多的个性。

③ **具有可靠性。**经得起推敲，不存在争议和漏洞。

④ **具有新颖性。**与时俱进，具有时代感。

（2）选择案例的两大注意事项

① 并不是每个事件，都可以作为案例，案例必须具有典型性，对于案例要有所取舍。

一位培训师讲礼仪课程，培训是一天的时间。上午半天，这位培训师都是讲他自己身边的故事，包括老婆、女儿、侄子的一些事情，尽管这些事情都涉及礼仪，但是礼仪究竟该怎么做，他一直没有讲，直到下午把自己家的故事讲完了，才正式讲一些专业内容。学员感觉除了听这位老师讲了些自家的故事，几乎没有其他收获。

② 案例并不是“原生态”，必须经过合理的加工，“来自生活，高于生活”。

【情景描述】

“情境高尔夫”内训课程中的案例，基本上来源于该企业实际发生的事情。企业实际发生的事情有很多，有些具有典型性，可以直接作为案例；有些不具有典型性，需要加工。

有一次做“情境高尔夫”培训，在做课前的需求调查时，该企业提供了一个案例：“一个车间主任想制止一个工人在上班时间抽烟，由于处理方式过于粗暴，从而发生严重的肢体冲突，最后甚至惊动了110。”企业建议在培训过程中把这个案例拿来分析，但是我并没有直接采纳这个案例，原因有三。

第一，把已经过去了的“冲突”重新作为案例进行分析，很有可能带来新的冲突。因为有可能当时的处理并不令双方满意，甚至留有后遗症，旧事重提反倒可能带来不好的结果。

第二，就算当时事情处理得双方都很满意了。但是把一个这样“消极”的案例拿来当众讨论，当事双方都会感到难堪。

第三，这件事情仅仅是“个案”，只能就事论事，这样的案例分析缺乏举一反三的普遍意义。

因此，我把这个案例进行了“加工”，把这个真实的冲突换成了另外一个“冲突”，分析的重点则是如何做好“冲突管理”，达到举一反三的效果。

4）案例的 3 个来源

（1）直接引用

① **培训需求调查所得。**在需求调查中获得的案例，是培训内容中案例的重要组成部分。一定要把培训需求所获取的信息充分利用起来。

② **公司公布的资料。**这些资料一定是公开发布的正式的资料，而且也是最新的资料。除了公司网站、文件等途径以外，培训师要与公司的相关部门保持好的关系，从而获得很多一手资料（当然基于遵守保密等原则）。

③ **专业杂志。**平时多去阅读那些与自己的培训方向相关的图书和杂志，不断吸收新知识，收集新案例。

④ 网络。这是最简单、直接的方法。一方面，通过网络收集案例时，要注意鉴别信息的真伪。另一方面，在网络上培训师和学员获取信息的来源差不多，这给培训师选择案例带来了很大的挑战——如果培训师所讲的学员提前都知道了，培训就没有意义了——因此培训师不能照抄网络上现有的内容，而是要对案例素材进行加工和整理。

⑤ 其他渠道。案例来自于生活，做个有心人，会发现生活中处处都有案例。

（2）改编

也就是将已有的案例进行适当的改编，形成新的案例。改编的方法包括：

① 改变内涵。将已有的案例进行相应的调整，赋予新意。例如，有这样一个故事。

（一只很饥饿的狼在到处觅食，终于在一个山洞的入口处发现一只兔子，正在用电脑忙活。）

狼：兔子，我来啦！

兔子：狼大哥，你好！

狼：今天很奇怪呀，你怎么不怕我呢？用电脑干吗呢？

兔子：我忙着写论文。

狼：写论文？写什么呢？

兔子：我写的是《论兔子知何战胜狼》。

狼：哈哈哈哈。兔子战胜狼？凭什么？

兔子：资料都在后面的洞里，你进去看看就明白了。

狼：你等着，敢编我，等我出来再收拾你！

狼进去了，结果传来阵阵惨叫，半天没有出来。好长一段时间后，兔子收拾好笔记本电脑，进了洞，看到一幅景象：一头狮子正满足地剔着牙齿，地上是狼的残骸。

狮子：在这个世界上，想要顺利通过考核，除了你自己认真写论文以外，关键要看导师是谁！

这个故事在网络上流传很广，本意是讽刺一些高校“论文答辩”中存在的不良现象。我当初看到这个故事时就感觉很有意思，于是进行了改编。例如，TTT 中，为了说明“培训师要想获得更快的进步和提升，要找到好的老师进行指导”，我把这个案例进行了改编。

（前文省略）

狼进去了，结果传来阵阵惨叫，半天没有出来。好长一段时间后，兔子收拾好笔记本电脑，进了洞，看到一幅景象：一头狮子正满足地剔着牙齿，地上是狼的残骸。

狮子：兔子，你要想在培训行业获得成功，除了你自己的努力以外，关键还要找到一个好的老师。

② **改变角色。**还是“兔子和狼”的故事，因为流传很广很多人都知道了，没有新意，所以可以改变角色。怎么改？就算翻拍，也要有新意。例如，把“兔子”变成“喜羊羊”，把“狼”变成“灰太狼”就可以了，不仅有了新的角色，而且与时俱进，有可能获得更多的笑声和掌声。

③ **改变情节。**前文提到的“哭婆和笑婆的故事”，如何创新呢？这个故事要说明的是保持积极心态的重要性。换一个角度思考，换一种思维方式，得到的感悟是不一样的。

那么怎么改呢？可以把老婆婆换成另外一个人——美国网坛名将“黑珍珠”大、小威廉姆斯的母亲。

2009 年 7 月 2 日，在 2009 年温布尔登网球公开赛女单半决赛中，大威廉姆斯以 2∶0 战胜俄罗斯选手萨芬娜挺进决赛，她将与妹妹小威廉姆斯争夺温网的女单冠军。这样的结果原本会让她们的母亲很是着急，因为无论最后结局如何，她的一个女儿都会和冠军失之交臂。其实，自从 2001 年美网姐妹俩第一次会师决赛后，这样的场景已经出现了 12 次。

但是她们的母亲并未感到痛苦和焦虑，因为两姐妹第一次会师决赛时，就告诉母亲，无论结局如何，都是她的女儿夺冠，她都是冠军的母亲!从此以后，她们的母亲总是热情地期待类似决战的到来。

故事的含义其实与“哭婆和笑婆的故事”是一样的，但是经过这种改变，贴近时代和生活，更具真实性。

④ **提升案例的含义。**著名的演讲家和培训大师金克拉讲过一个“踢懒猫的故事”：某公司经理加强了考勤制度，结果自己迟到被罚款，然后他怪罪秘书，秘书怪罪打字员，打字员怪罪清洁工，清洁工怪罪自己的儿子，儿子没有办法，只有怪罪猫，踢了猫一脚。培训师在讲职业化、心态课程的时候常常引用这个故事。这个故事生动、形象地揭示了“人会习惯性地推卸责任、抱怨他人”，但仅仅是揭示现象，并没有直接阐明这种现象带来的不良后果。

我把这个故事进行了以下改编。

大家知道，猫是一种性格温顺、好脾气的动物，尤其对人是非常友好的。但是在一个城市，却发生了猫咬人的事件，当地警方经过深入调查发现，事件的原委原来是这样的。

当地一家企业的一个经理，加强了考勤制度，规定只要上班迟到无论什么理由都要罚款 50 元。制度实施后，员工迟到无论任何理由都被罚了款。后来有一天，这个经理头一天晚上和客户应酬，很晚才回家，第二天早上起晚了，眼看就要迟到，只好闯红灯加速开车，结果被交警开了罚单。经理满身怨气地赶到办公室，还是迟到了，被罚了款。这时经理的怨气更大了，他叫来秘书：

经理：秘书，我昨天安排你送一份重要的文件给总经理，你送了没有？

秘书：经理，我还没有送。

经理：为什么没有送？

秘书：你不是说还有部分内容需要修改吗？所以我想等你修改后再送。

经理：谁让你自作主张的？我让你送，你就应该送。这点事情都做不好，是不是不想干了？不想干就走人！

秘书满肚子委屈，心里想：你简直是无理取闹，我辛辛苦苦给你做了这么多工作，没有一句好话就算了，还经常挨骂。秘书从经理室出来，正好看到行政部的文员。

秘书：文员，刚才给你的那份资料，你打印好没有？

文员：还没有呢，你没有说急着要啊！

秘书：还没有？你是怎么做事的？这么简单的事都做不好？

文员：我在忙其他事情，还没来得及打印。

秘书：来不及？我的事就不是事吗？你到底什么意思？对我不满意吗？有什么不满直接说出来。

文员心里想：就你这样的态度，我有不满还敢说？你这个狐假虎威的家伙，我帮你做了那么多事情，却要受这样的委屈……这时，一个清洁工过来了。

文员：清洁工，赶快过来擦擦办公桌。

清洁工：好的，我把这边擦洗好了就过去。

文员：为什么不先做这里的清洁？这不是该你做的吗？你是怎么做清洁的？

清洁工本来正在认真工作，没想到这个小小的文员劈头盖脸地骂过来，虽然满腹怨气，但是没有办法发作。下班了，清洁工回到家里，看到10岁的儿子居然在玩电脑游戏。

清洁工：玩什么游戏，还不去做作业？

儿子：作业早就做好啦，放松一下嘛！

清洁工：你放松？你整天什么事都不做，你还放松？我这么累，怎么没有放松？作业做好了。不可以多看看书吗？一点不求上进，将来怎么有出息？

儿子早早把作业做完了，正等着妈妈表扬呢，没想到竟是这样的结果，满肚子的怒火无处发泄。这时候，家里那只肥胖的猫刚刚睡醒，懒懒地踱着方步慢慢地走过儿子的身边。愤怒的儿子一脚踢过去，懒猫正想着今晚的美食呢，哪里想到来这么一出，只见它“喵”的一声惨叫，从窗口蹿了出去，刚好落在一个人的肩上，这只一向温和的懒猫怒不可遏，一口咬下去……只听那人一声惨叫，倒在血泊中。

大家猜猜，这个被猫咬的人是谁？对，就是那个经理，正所谓“抱怨引来抱怨”“责备带来责备”。

听众在笑声中一定会明白这个故事的真谛。

（3）自编

自己根据经历或者见闻编撰案例，这样的案例更具真实性。

① **自己听说的案例。**需要强调的是，这种案例要经得起推敲，不要把谣传当成案例，否则真会产生谣言。如果拿不准真假，就不要用它当案例。

② **身边人的案例。**发生在自己身边的同事、朋友、亲属的一些事情，也可以作为案例。

③ **自己经历的案例。**这种案例相比其他的能经得起推敲，一般情况下没有人怀疑它的真实性。但是如果要编这种故事，就要注意了，一定要经得起推敲，否则有可能弄巧成拙。我自己就经历过这样一件事情。

有一次给一家企业讲管理技能方面的课程，核心内容之一是性格分析。我就讲了一个“孩子拼地图的故事”。故事原本是这样的：

一个年轻的父亲是单位的一个经理，工作非常繁忙，经常加班，有时还把工作带回家里做。一天他又在家里忙工作，这时 5 岁的儿子过来了。

儿子：爸爸，陪我玩玩吧!

父亲：儿子，爸爸正忙着呢，你自己一个人玩吧。

儿子：我一个人不好玩，爸爸你陪我玩吧。

父亲：儿子，要听话，乖。

儿子：爸爸不乖，不陪我玩。呜呜呜……

父亲一看。不陪儿子玩，这个小家伙会捣乱的，刚好，他看到旁边的一张世界地图。

父亲：儿子，你过来，看看这张地图，我已经教过你的，你把中国、美国、德国都指出来给我看看。

儿子很高兴，非常顺利地指出来了。

父亲：好，看来你都记住了。那现在这样，我把这张地图撕成十几块，你要按照各个国家的位置重新拼好。拼错了，你就继续拼；拼好了，我就陪你玩。

儿子高兴地拼地图去了。父亲心想：要把这张世界地图拼好，够这小家伙忙活的，怎么也要半个小时，我就可以把工作做完了。

没想到，不到 5 分钟，儿子居然拼好了。父亲拿过来一看，好家伙，还真拼对了。

父亲：儿子，你太棒了!这么快就拼好了，告诉爸爸，是怎么拼好的?

儿子：是这样的，先前我自己玩的时候，就在这个地图的背面画了个头像，就是你的头像。我拼的时候，就是按照你的头像拼的。所以，这个头像拼好了，世界地图也就拼好了。

相信这个故事很多人都知道，当时我也在猜，也许有人知道，不如我来个创新，把故事中的“父亲”改成我自己。那时我还没有孩子，直接引用就太假了，于是我自作聪明地把那个孩子改为我的侄儿，这样一来就天衣无缝了。现场讲完，果然获得了掌声。休息的时候，我还在为自己的创新而窃喜，这时一个学员走过来说：“××老师，你刚才讲的拼地图的故事，是你改编的吧？我曾经在某本书上看到过的。”

尽管我在接下来的课程上坦白了这是个“编造”的故事。强调“不要看故事本身，而要看故事的启示”，从而赢得大家的理解和赞同，但是这件事情给我留下了深刻的教训，后来我每次讲 TTT 都不惜“自报家丑”地讲这个案例，以引起大家的重视。

总之，案例最好是真实的案例，如果要编也要编得合理。并不是所有的故事都可以作为案例，培训毕竟不是邻里之间拉家常，不要把家里发生的任何事情都拿到课堂上讲，案例故事必须典型、紧扣主题。

4．如何让案例辅助论证

（1）关于案例设置的 3 个疑问

疑问 1：案例包括什么？什么可以当作案例？

广义的案例包括：一个场景、一个故事、一个笑话、一段话、一个数据、一张图片……你能想到的能够证明论点的都可以当成案例。简单来讲，一段文章或者一个讲话，除了论点就是案例。

狭义的案例是指：有背景、有情节、有结果的一段“完整”的事例。

疑问 2：如何收集案例

每次 TTT 培训都有学员问我：“××老师，我们都是兼职的培训师，不像职业培训师能花很多时间去收集案例，该怎么办呢？”方法只有一个——“做有心人”。

① **凡事留心。**看到的、听到的、做过的都可以作为案例。上网、看电视，这些都是收集案例的很好途径。

② **做好记录。**好记性不如烂笔头，遇到什么有价值的一定要记下来，不一定记完整，记好关键词就可以。

有一次，跟一个学员交流，我正要说话，他掏出笔说：“老师，先等一下，我要记录。”我立马就认真起来，本来以为只是随便聊聊，看到对方要笔记，这就是“证据”了，说话就要认真点。

③ **团队合作。**培训师之间要多交流、互动，分享案例。

④ **老师的心态。**培训中我经常问学员：要想成长得快，培训师应该具备什么心态——老师的心态还是学生的心态？大多数的回答是“学生”心态，这说明学员很谦虚好学。但是仅有谦虚还不够，培训师还要有老师的心态——看到一些信息，就会想：“这个可以当案例吗？如果可以，该怎么讲呢？”

疑问 3：我自己选择的案例都很平实，缺乏吸引力，怎样让平实的案例变得精彩呢？

① **增强新颖性。**案例要新，与时俱进。

从时间上说，要收集最近发生的事情，通常是 1 年之内发生的事情最好，其次是 3 年以内的，5 年是上限，超过 5 年的案例就属于陈旧的案例。

从内容上说，也要有新颖性。那些大家都熟知的、老掉牙的故事就不要用了，要用就用一些不具备时效性的故事和案例，如童话故事，就算是童话故事，也要注意不要总是“灰姑娘”“白马王子”之类的，“神马都是浮云”了，何况“白马”。

② **增强情节性。**相对来说，有情节的案例更具有吸引力。

对于情节的敏感性，也许是人类与生俱来的本能。我家侄女两、三个月大的时候，最喜欢看电视，如果是体育节目，她看两眼就不看了，注意力会转移，但如果是电视剧，尤其剧情是在吵闹、哭泣或者搞笑的时候，她看的时间就很长。其实那时她是“听不懂人话”的，语言对她没有意义，引起她注意的是情节。婴儿如此，成年人也是如此。

③ **增强趣味性。**有趣的案例总是能引起学员的注意。

人类的本性都是追求快乐的，愉悦能给身心带来积极的力量。

④ **增强哲理性。**有哲理性的案例往往更有意义。

培训师要善于把一些看似平常的事情提炼出哲理来。培训、管理并不用讲什么高深的理论，实际上，所有的理论都来自于生活。只要用心去发现、用脑去提升，总会有所收获。大浪淘沙终见金，沙粒不是案例，金子才是案例。培训师重点要做的就是淘沙。

（2）关于案例设置的工具

工具：案例设置考核表（见表 2-13）

【工具模板】

运用范围：各类培训

目的：评估案例设置是否合理

适用对象：培训师

表 2-13　案例设置考核表

考核内容	评分（0～10 分）	备注
1．案例的典型性		是否可以举一反三，由此及彼
2．案例的新颖性		3 年以内，最好是最近发生的案例
3．案例的趣味性		
4．案例的多样性		是否有各种案例
5．案例的可靠性		是否经得起推敲
6．案例的论证性		是否论证观点
7．案例的数量		1～3 个案例
8．案例的来源		是否有多种来源
9．案例表达的流畅性		

说明：培训师在设置案例时可以作为参考和依据，同时对自己的案例进行评估。

2.2　冰山能力模型

2.2.1　做什么

培训模式可以形式多样，因此选择与运用培训模式也显得非常重要，好的培训模式可以事半功倍，不好的培训模式不能起到实际效果，下面笔者透过培训模式不当的例子，来讲解如何确定培训应该做什么。

1．培训模式不当的典型案例

【情景描述】

一个 TTT 学员，讲完课后和 ×× 老师交流。

学员：我今天给内部讲了“商务礼仪”，感觉不好。

×× 老师：你讲讲具体情况，哪些不好，是内容上有问题吗？

学员：内容上没有问题，我专门买了这方面的光盘，还有你上次给我推荐的书，我觉得内容上没有问题。而且以前讲过，当时效果还可以。

×× 老师：这次的学员和上次一样？

学员：有一部分是一样的，也有新员工，所以我讲的时候把上次的内容重复了一些。当时发现，很多人都不感兴趣了，大家的参与性都不高，开始是那帮老员工，后来新员工好像也受了影响。

××老师：你是用哪种方式培训的？

学员：我开始用的是讲授型，因为我看的光盘视频讲礼仪都是讲授型的。所以我也是这么讲的。我本来还想用一些训练型的，因为上次我听你说过，礼仪课程用训练的方式更好。但是我自己对于训练的方式有些拿不准，另外，上次培训也是用讲授的方式，效果还可以，所以我这次也是这么做，没有想到效果是这样的。

××老师：是的，第一次讲礼仪，介绍些知识，用理论讲授的方式还是可以的，但是如果同样的内容，第二次还是这么讲，可能就失去吸引力了。

学员：就是。我发现这个问题后，进行了调整，采用了"实战训练"的方式，但是出大问题了。

××老师：训练会出什么问题？是控场方面吧？

学员：是的。刚开始用训练方式，大家感觉挺好的，也很积极，但是后来发现，大家玩得太开心了，一边训练，一边打闹，整个场面很混乱。我一直招呼大家要注意纪律，但是这个时候已经控制不住场面了。最后草草收场，我还有很多内容没有讲。所以我感觉很失败。

××老师：没有关系，重新再来，你好好总结一下，下次一定会有提高的。

这是企业培训师常见的一些现象，主要原因在于对培训的教学模式不太熟悉，导致不知道怎么采用合适的模式。另外，选择好某种模式，但是相关的技巧不够，影响了培训效果。

2．选择培训模式中常见的问题

（1）没有系统学习各种培训模式

很多培训师都是"半路出家"，在没有受过系统的培训技术训练的前提下，"被迫"上台，并没有掌握培训这门技术的相关知识和技能。这些培训师主要是通过看光盘，或者参加某些培训，从而学到了关于培训的一些方法和技巧。但是没有系统性，并没有掌握真正的内涵。

（2）不懂得如何选择培训模式

培训模式多样化，根据不同的主题和学员要选择相应的培训模式，但是有些培训师由于自己没有掌握各种培训模式，更多的是"模仿"而来，所以当面临选择模式时，往往靠的是"经验"选择，恰恰自己又经验不足，所以导致选择模式存在一些问题。

（3）对培训模式的掌控性不强

有些老师也懂得选用各种模式教学，但是由于相应的技能不足，尤其是缺乏掌控全局的能力，从而影响培训效果。

一位来自服装零售的 TTT 学员讲到一个案例。

几年以前，他们请一位老师来培训，培训的主题是“团队执行力”，老师采用的是“教练技术”的方式，讲一段内容，然后让大家实战演练。由于会议室太小，人数又太多，大家演练的时候要把凳子搬出会议室，听讲的时候又要把凳子搬进教室，加上这位老师个子比较矮，嗓门也低，没有控制住场面，所以整个场面显得很混乱。

2.2.2 有什么价值

培训什么有价值，可以先从培训到底具有什么功能来剖析。

1．培训模式的管理学原理

（1）情景教学理论

情景教学法是根据培训主题所描绘的情景，创设出形象鲜明的情节，辅之以生动的语言，并借助音乐的艺术感染力，设置一种模拟化的情景，然后在此情此景之中进行一种情景交融的教学活动。因此，“情景教学”对培养学员情感，启迪思维，发挥想象力，开发智力等方面确有独到之处。

（2）情境培训理论

情境培训理论是指：根据不同的具体情境，实施不同的培训。从而达到提高培训效果的目的。情境培训理论是在情境管理理论的指导之下，结合培训技术本身的特点得出的理论。情境培训理论是一种“权变”思想，表明培训不是僵化和死板的，而是在不断变化的。

情境培训公式：

$$E=f(T,O,S)$$

其中，E（effectiveness）：培训效果；T（trainer）：培训师；O（object）：培训对象；S（situation）：培训情境（培训的方式、环境、背景等）；f 是一个函数。

情境培训的公式表明，决定培训成效的是 3 个因素：培训师、培训对象和培训具体的情境。三者缺一不可。麦肯锡咨询公司曾经针对培训效果的影响因素做过深入的调查，他们把和培训直接相关的 3 类人——培训师、培训学员和培训主管——依据培训前、中、后做出分析，得出一个科学的结论：在不同的阶段，不同的角色起到的作用是不一样的。这个结论被培训界广泛采用，其核心思想就是情境培训的思想。

2．培训模式的作用

内容决定形式，形式又影响内容。根据不同的主题和学员状况选择相应的培训模式，根本作用就是增强培训效果，丰富培训形式，活跃培训现场，最终的目的就是确保培训质量。

2.2.3 为什么要做

如何掌握各种培训模式的特点，来告诉为什么要做培训模式。

1．关于培训模式的 3 个疑问

疑问 1：如何选择培训模式呢？

选择培训模式的依据包括：课题的需要、学员的状况、自己的培训技术。3 个方面缺一不可。

疑问 2：有没有最佳的培训模式？

培训模式是随着培训技术的不断发展而变化的。衡量培训模式的效果就是培训质量。每种主题都有最合适的培训模式，没有一种培训模式可以“大小通吃”或者“包治百病”。相对来说，“情景训练”和“情境高尔夫”是一种综合了其他培训模式优点的培训模式，但是不一定适合每个主题，也不一定适合每个培训师。

疑问 3：印象中，高尔夫培训是一门课程，怎么是一种培训模式呢？

高尔夫课程最初是由中国台湾地区的一些老师借鉴国外的模式开发出的一个课程。后来经过更多培训师的不断深入研究和开发，逐渐形成了一种教学模式，也形成了几个流派。

相对其他的高尔夫课程，情境高尔夫具有以下特点。

① **情境管理理论。**是指导思想上，是以情境管理作为整个指导思想贯穿始终，是权变的管理思想。

② **性格分析。**内容上，以性格分析为一大特色，包括对于管理者本人的性格分析，以及管理对象的性格分析，针对不同的个性实施不同的分析。

③ **测评功能。**培训的内容就是模拟管理现实设计的，在授课过程中，每

个备选答案的选择其实就是对管理者的一种测试。培训结束后，参训者的选择结果和成绩直接体现了他的实际管理水平。这样不但为企业提供了一份管理水平的评估依据，同时又结合了现场培训，帮助管理者提高了相应的管理水平。

④ **情景模拟。**情境高尔夫是以特定项目作为一个情景模拟。18 洞、54 个案例是按照完成整个项目来进行设计的，案例更加具有连贯性和系统性。

目前，情境高尔夫培训已经形成课程体系。只要是技能类的课程，都可以运用情境高尔夫模式，因此情境高尔夫是一种培训模式。

疑问 4：高尔夫培训模式这么先进，为什么现在能够讲这个课程的老师不多？

解答：这是由高尔夫课程本身的特点决定的。第一，这是一个高端课程，对于培训对象有较高的要求，包括该企业的培训管理水平、企业的学习文化、培训对象的现有基础等。第二，高尔夫课程对培训师有较高的要求。

① **案例的设计能力。**情境高尔夫课程最大的优点是全程“案例分析”。这些案例并不是由培训师闭门造车自己想出来的，它要求培训师要有足够丰富的实战经验，对案例有着深刻的体验和认识。同时，如果是内训的案例，则必须采用培训对象所在企业中发生的真实案例。但是这些真实案例又不能照搬，必须将真实的案例“提炼”成“典型”的案例，这样才能真正帮助学员举一反三，而不是就事论事。

高尔夫模式是先提出一个场景，然后提供 4～5 个选项，让学员分组讨论，选择“最优”的一项。那么这时备选的选项设计就成为关键。第一，几个选项必须具有相似性，不能一眼看出谁是最佳答案；第二，几个选项还具有合理性，必须从某个角度解释得很清楚，否则，解释不通，还会带来更大的争议。这个课程开发的难点难住了很多培训师。

② **现场的驾驭能力。**高尔夫的课程，就是以大家分组讨论“最佳答案”来推进的，每一个备选答案都存在一定的合理性，这样就会带来很多的争议。现场 PK 会非常激烈，场面完全有可能失去控制。这时候，培训师是不能用“标准答案”来说服人的，更不能用“合理的要求是锻炼，不合理的要求是磨炼”这样的套路来控制局面。这对培训师提出了很高的要求。控制不好就有可能草草收场，不了了之。

此外，高尔夫模式对培训的理论提炼提出了更高的要求。培训师要引导学员从个性化的案例中总结出通用的规律，必须有较强的理论基础，才能引导大家由此及彼，举一反三，否则就会陷入就事论事的漩涡而不能自拔。

③ 培训后的评估报告。高尔夫培训模式还有一个重要特色就是在培训结束后要对整个培训过程以及学员表现提供一个评估报告。它要指出优点和存在的不足，并且提出改进意见。这其实是咨询师要做的事情，这也对培训师提出了更高的要求。

综上所述，尽管高尔夫模式是一种非常有效又很受学员欢迎的培训模式，但是实际运用的并不多。但是请相信，好东西终将被市场所接受。高尔夫课程必将越来越受到企业的欢迎，越来越多的优秀培训师会采用这样的培训模式为企业服务。

2．关于培训模式的工具

工具 1：培训项目 GROWAY 模型（见表 2-14）

【工具模板】

运用范围：游戏、沙盘项目

目的：整体控制项目推进

适用对象：培训师、培训助教

表 2-14　培训项目 GROWAY 模型

标题	内容	备注
目标（Goal） 确定训练项目的目标		
现实状况（Reality） 分析现有资源		
提出议案、方案（Offer） 设计实施方案		
工作、实施（Work） 按照计划操作		
调整、使一致（Accord） 监控过程，及时调整		
获得收益（Yield） 总结，提升		

工具 2：训练项目点评表（见表 2-15）

【工具模板】

运用范围：学员训练项目

目的：掌握培训师指导训练项目情况

适用对象：培训师、培训助理

表 2-15　训练项目点评表

项目名称：　　　　　　　　　　　　培训师：

要求	好	一般	差	备注
准备充分				
详细观察记录过程				
由现象得出结论				
引申到实际工作				
由个性到普遍				
时间控制合理				
指导及点评及机				
抓住典型现象				
避免结论武断、单一				

说明：本工具主要是考核培训师在项目进展中的工作状况，并找出差距。

2.2.4　如何做到

培训师通过掌握以下 9 种培训方法，来选择最佳的培训模式，达到培训的效果。

1．课堂讲授法

课堂讲授法是最常见的一种教学模式，也是其他教学方法的基础，可以说，要想成为一名合格的培训师，必须掌握这种方法。课堂讲授法适合以知识和理论为主的课程，因为是讲授，所以讲授更多的是“理论”，很多学院派的老师都是用这种方法。但理论讲授并不是讲授空洞的理论，而应该讲授实用的理论，而且应该讲授得更精彩。

理论讲授法的主要优点是知识量大，便于掌控；不足是形式单一、学员参与性不够高、没有训练环节。严格意义上讲，单纯的“讲授”不是培训。因为培训和一般的“讲课”最大的区别就是有“训练”。没有训练的讲授只能叫讲座或者讲课。但是任何培训都必须有"知识的传播",因此必须有"讲授",所以"讲授法"是所有培训师必须掌握的一种基本教学方法。

2．演讲法

与"课堂讲授法"很接近的一种模式是"演讲法"。二者有些相似，都是以老师"讲"为主，学员"听"为辅。

不一样的是,"讲授"不一定就是"演讲"。

从内容上看，讲授法是以讲授"知识"为主，而"演讲法"是以改变"态度"为主。

从表达方式上看,"演讲"比"讲授"更多运用了身体语言，注重声音的变化和情感的运用。可以说"演讲法"比"讲授法"需要更多的表达技巧和知识。讲授是传播知识为主，关键在于内容；演讲是以转变态度为主，关键在于表达。演讲具有"知识传播"和"转变态度"的双重功能，如果说培训=传播知识+转变态度+提升技能的话，那么培训=演讲+训练。演讲成为衡量一个培训师水平的重要标志，很多管理者并不想做培训师，但是要参加 TTT 学习，就是因为能提升演讲力，而演讲力是管理者的必备技能。在实际培训中，很多时候是把"演讲"单独列出来进行训练的。

目前培训师最欠缺的就是"演讲"。很多老师会讲课，但是不会演讲。从竞争力角度上看，提升自己的演讲力是提高培训效果的重要手段，也是提升培训师的行业竞争力的重要途径。

本书的主要内容就是围绕"演讲法"而来的，是把演讲有关的内容拆分开来，目的是为了深入地学习和运用。实际上在正式培训中，这些方法是综合运用的。

3．案例教学法

案例教学法是在培训的过程中，采用"案例分析"的方式，通过设置案例、分析案例、总结提升等系统的手段实施教学的一种方法。案例教学法和案例说明是不一样的：案例教学法是一种完整的、系统的教学方法，而举例说明只是列举某个案例对观点进行说明，并没有对这个案例进行深入的分析。

案例教学法的特点和要求有以下 4 点。

（1）实战性

大家参与分析案例，本身就是一种实战，包含了知识、态度和技能 3 个方面的学习和训练，是将培训的 3 个功能完整结合在一起的教学方法。

（2）典型性

选用的案例必须具有典型性，能够代表某一类现象。同时案例必须具有完整性，如果仅仅是案例的片段，可能会导致“盲人摸象”，以偏概全。

（3）举一反三

案例分析法要求举一反三，这就要求案例分析既要深入下去，又要跳出案例，否则就会就事论事，纠结于某个案例而不能自拔，这样就失去了案例分析的意义。

（4）难度大

案例分析法比一般的教学法难度大。主要有以下两方面。

第一，无法采集合适的案例。这是目前案例教学中最大的问题。要让案例具有典型性和真实性，难度很大。

第二，对培训师的要求很高。要求培训师具备很强的驾驭能力，除了要求专业知识的系统和深度外，还要求控场能力、引导能力、提炼升华能力。也就是说，这是集专业知识、实战经验和培训技术于一体的教学模式，所以一般的老师会用案例来举证，但是很少用案例教学。

4．角色扮演法

角色扮演法是指在培训过程中让学员扮演某种特定的角色，以这种角色的身份去实施培训的一种培训方法。角色扮演法可以是针对某一个环节，如让学员去扮演某个角色完成一项任务。这种教学方法类似于互动中的“角色扮演法”，只不过作为教学模式的“角色扮演法”要求更高。

特点和要求如下：

① **对角色的要求要明确。**在正式开始前，一定要将角色的具体背景和特点介绍清楚，同时在扮演过程中的各个规则也要阐述清楚。

② **选择合适的学员担任角色。**角色扮演法对学员的要求比较高，他必须扮演得“像那么一回事儿”，如果“演技”太差，根本就无法达到效果，反倒会冲淡了主题，破坏培训流程。

③ **举一反三。**角色扮演结束后也要做到举一反三，最好是由“角色”来说话，谈谈自己扮演角色的真实感受，然后由培训师来引导和提升。

角色扮演法可以是培训中的某一个环节阶段性的角色扮演，也可以是贯彻于培训的整个过程。通常的角色扮演法只是阶段性的。

5. 道具教学法

道具教学法是指用某个具体的物体作为一种教学工具，围绕这个教学工具进行培训的方法。道具教学法有时也称为道具法，只不过“道具”有时是假的，有时是真的。在财务管理培训中的“沙盘模拟”，其实也是道具教学。

道具教学法的特点和要求：

道具法具有真实性和实操性的特点。这也是一种互动的方法。通常，道具法仅仅是培训中的一个环节。就算是全场实物演示，时间也不要太长。像操作某个设备、机器、工具都可以用实物演示法。

道具法最重要的一点就是培训师自己要对道具熟悉，不要出差错，既然自己是老师，就要求比一般学员的水平高。在实物演示过程中，有时会有学员要求老师首先演示一下。

6. 游戏活动法

游戏活动法就是在培训过程中引入游戏和竞争活动等，让学员在实际操作中去感受和体会的一种教学方法。

游戏活动法的特点和要求：

① **项目的科学性。**选择的项目一定要有科学性，包括实用性和代表性，要与实际工作结合起来。

② **控场要求高。**这种培训模式要求培训师有较强的现场把控能力和引导能力。

③ **提炼原则和方法。**活动或者游戏做完了，需要提炼结论，不是为活动而活动，不要让学员觉得只是好玩，而是要从这个项目中提炼出一些通用的原则和方法。

最具有游戏活动法特点的是“户外拓展训练”。这是将“活动游戏”全部纳入培训的一种培训模式，曾经红极一时，现在慢慢走下坡路。主要在于项目缺乏创新，另外培训师的专业水准也是制约其发展的瓶颈。

7. 小组竞争法

小组竞争法是指将培训学员分为各个小组参与竞争的一种培训模式。小组竞争法并不是单独的一种培训模式，而是作为其他培训模式补充的一种教学模式。

小组竞争法的特点和要求：

- 激发学员的参与意识。
- 提升学员的积极性。
- 实战性强。
- 控场要求高。对培训师有较高的控场能力，否则竞争太过激烈，场面容易失控。

这也是很受学员欢迎的方式，但不是任何课程都要采用这种方式，主要看主题和学员情况。除了“讲授法”“演讲法”以外，态度和技能类课程都可以采用这种方法。

这种方法的一个关键点是分组要合理。通常分组的维度有以下模式：

- 性别：每个组的男女比例最好一致。
- 年龄：年龄都差不多。
- 体型：高矮胖瘦都差不多（主要用于活动游戏法等需要体力的培训）。
- 学历：比例一致，“智力”也接近。
- 岗位：不同的岗位和职务交叉在一起。
- 地域：最好每个小组都由来自不同地域的学员组成。
- 单位：如果学员来自不同的企业，最好打乱，防止“小团体”。

这是一般分组所要考虑的维度。要在一次分组中考虑以上各个维度是很难的，因此必须以某个维度为主，其他的为辅，依据就是“课程内容”。

有些培训师喜欢随机分组，这种方式不太好。因为这样可能导致小组的组成差距太大，导致后面的竞争成绩差距太大。

我自己分组通常都是以性格特征为主。给学员做 DISC 人格测试，再依据黄金搭档的组合原则，将学员分组，大家的水平都差不多，这样竞争不相上下，更为激烈。

上述 7 种教学模式是最常见的教学模式，每种模式各有优劣。有没有新的模式，能够将上述几种模式结合起来，集中优点、博采众长的培训模式呢？有，就是接下来的两种模式。

情景训练：讲授法+演讲法+活动法+分组法+角色扮演法+道具法。

情境高尔夫：讲授法+演讲法+案例分析法+角色扮演法+分组法。

简单地讲，以活动游戏为主的是情景训练，以案例分析为主的是情境高尔夫。这两种模式是综合性的培训模式。

8．情景训练法

“情景训练”培训模式是以“情景教学理论”作为指导思想，以情景模拟作为主要特征，综合运用理论讲授、活动游戏、角色扮演、分组竞争、道具教学等多种教学模式的一种培训方法。情景训练法从20世纪90年代诞生以来已经风靡欧美，是目前最先进、最有效的培训模式，获得了受训企业的大力欢迎和赞赏。

情景训练遵循“四三二一”的操作原则：40%的实用理论讲授，30%的管理实战训练，20%的典型案例分析，10%的全面总结提升。强调理论与实践结合，讲授与体验互动，情商与智商并用，对学员进行全方面、多角度、系统性培训，以获取最佳的培训效果。

情景训练模式和传统训练模式及户外拓展训练模式的区别见表2-16。

表2-16　3种模式的区别

分析纬度	传统培训模式	户外拓展模式	情景培-训模式
培训场地	室内	室外	室内室外结合
培训主体	培训师	学员	学员和培训师互动
培训内容	强调知识	强调实践	知识和技能结合
参与方式	脑力为主	体力为主	脑力和体力并用
实施方式	讲师讲授为主	学员体验为主	讲授和体验结合
与工作关联性	专业知识与实际工作相关	拓展活动与实际工作关联不大	情景模拟，与实际工作紧密相关
培训效果	一般	较好	最佳

9．情境高尔夫

情境高尔夫是将情境管理理论和高尔夫运动结合起来的一种全新的培训方式，通过设置管理情境，运用高尔夫运动的操作流程，采用全程情景模拟和案例分析的实战培训。

情境高尔夫是集课堂讲授法、案例教学法、角色扮演法、实物演示法、游戏活动法、小组竞争法等各种培训方法为一体的培训模式，被评为最有实效性的培训模式。

情境高尔夫包括“情境呈现”（Situation）——“原因分析”（Cause）——“解决方案”（Program）。这种模式和高尔夫运动有惊人的相似之处：情境呈现（球场状况和球手状况）——原因分析（分析球场布局、球洞设置、球手的资源）——解决方案（球杆选择、击球顺序、击球）。

情境高尔夫的特点：

① **情境的模拟性。**情境高尔夫将整个培训设计成一种管理情境，参与者充当某个角色，以完成某项任务为背景，将管理情境和高尔夫情境结合起来，依据国际高尔夫的标准 18 洞，设置 18 种管理情境，每种情境有 3 个步骤，每个步骤有 4 种选择，学员实战操作，循环反复，直到 18 个管理情境全部完成，并进行相应的评分。

② **案例的严密性。**情境高尔夫同一般的案例教学的最大区别在于，情境高尔夫的案例具有严密的逻辑性和连贯性，前一种情境案例的处理将引出新的情境案例，这样每个案例之间环环相扣，紧密联系，真实体现出管理的连贯性和紧密性。

③ **学员的主导性。**与一般的培训不同的是，情境高尔夫是学员充当真正的主角，通过分组的方式，通过“聆听、讨论、决议、发表、辩论、总结”等流程，全程参与到培训中，成为培训真正的主角。培训师则为教练，在培训过程中做课程背景的介绍，负责场景的补充、培训规则的监督、过程的引导、结论的点评和要点的提炼。现场的 PK 是“情境高尔夫”课程的最大亮点。

④ **流程的科学性。**情境高尔夫的流程是“课前作业”——“课堂训练”——“课后作业”培训前、中、后完整结合的流程。

课前作业：包括情境介绍、角色说明、专业测试、竞赛规则、培训纪律等内容，要求在正式上课前完成。

课堂训练：包括理论讲授、专业测评、案例介绍、内部讨论、观点发布、要点辩论、总结提炼等内容。

课后作业：包括两个方面的内容。学员需要做的是效果评估、专业考核以及行动承诺；培训要做的是对整个培训提供一份培训报告，包括对整个培训的评估，对培训过程表现的分析、改进意见等内容。

2.3 心智能力模型

2.3.1 培训师的心态

对于培训师来说，良好的心态是一个优秀的职业培训师所必备的素质，也是发展自己事业的前提和保证。

1．目标改变人生

每个人都有巨大的潜力，但大部分人却没有将潜力完全挖掘出来，需要一个触媒来激活其内在的能量。怎么引发这种聚变呢？

超越平常的安全线，挑战高出自己能力的目标，这个目标是需要付出一定努力、创造条件才能实现的目标。然后把你所有的精力聚焦于这个目标，不断地强化它，让它与你所有的行为融为一体。

在这个过程中，就像射箭一样，人需要不断地调整角度、姿势，看清目标，并且牢固地锁定目标，才能准确地击中它，进而改变自己的人生！

2．一切从心开始

我们说沟通从心开始，可是心在哪里？心无形，但行却有形。无形的心态、信念、观念会表现在每一个细节与行为上。就像打领带一样，领带很漂亮，领带结却很“胖”，并且松弛着，像一个发福的肚子，这样一个“肚子”挂在脖子上会让人有什么感受？如果是在一个正式签约的场合，肯定是“合作伙伴很生气，后果很严重”了，因为对方会认为你不重视他们，是在凑合应付。

所以说，一切从心开始。不仅要细致，更要深入。在这一点上，言行一致是我们追求的最高境界。

3．空杯心态——戒盈杯

这里的空杯心态是指培训师的归零心态。我们很熟悉什么是归零，也对学员说了很多诸如学徒心态、空杯心态、海绵心态之类的话。可是什么才是真正的空杯心态呢？就是对你已经看过的、了解的、分析的、掌握的东西还能以平常心继续学习。如果一个饱学之士还能够静下心来读一读、想一想，得到一些启发，那就已得“空杯”真谛。就像中国古时候的“戒盈杯”一样：注入水，浅，则滴水不漏；满，则水流殆尽。

杯尚且如此，人更应戒盈。

4. 迁善心态

“迁善”这个词源于《易经》：“君子以见善则迁，有过则改。”意思是，向对的、好的方向靠近，把错的、坏的地方改掉。迁善不仅是一种心态，更是一种行为，而且是持续的行为。迁善一次容易，持续迁善却不易做到。

诗人汪国真曾写过这样的诗句：“既然目标是地平线，留给世界的只能是背影。”迁善与目标紧密相连。锁定目标，尽一切可能寻求方法和资源达到目标，这就是迁善的过程。

5. 主动、积极、快乐地生活

现在都在宣传建设和谐社会、和谐人生、和谐理念。对于和谐，不同的人有不同的理解，但有一点是相通的：当你积极适应、主动创新、快乐工作的时候就会感觉到和谐。

有一句话是这样说的：你想获得什么就先付出什么!当你主动与人接触，积极沟通时，会发现别人也会积极主动地跟你接触，于是你在这种双向交流中体验到了一种愉悦。生活的乐趣由此产生。

记住，主动是心态，积极是行为，快乐是生活中所有的过程与结果。

6. 知道珍惜，懂得爱

很多时候，人们在路上追逐，不停地选择和放弃，忙忙碌碌，却最终什么也没有抓住，只留下伤痕，成为一生的遗憾。

当你在海滩上捡到一个美丽的贝壳后，带回家，珍爱它，并且懂得抗拒再去海滩上寻找更美丽贝壳的诱惑，这个时候，你便得到了幸福。

世事看上去有千万种可能，但其实每个人只能有一种选择。只有珍惜与关爱，才是开启幸福之门的钥匙。

7.“可能”创造奇迹

生命本身就是由很多“可能”构成的，我们都是因为一个“可能”而完成生命最初的孕育，从而踏进这个有着无数“可能”的世界里。

世界因为“可能”，所以多姿多彩。你可能成功，也可能失败，关键是要对很多“可能”进行尝试。“可能”可以创造生命中最灿烂、最耀眼的奇迹。

“可能”意味着机会和机遇，但是，仅仅只是追逐“可能”，而抓不住“可能”，那么就永远只是“可能”。弱者在等待中失去“可能”，智者在判断中抓住“可能”，只有强者是在创造中引导“可能”。

所以，凡是非凡的人生都是创造“可能”的人生。

8．学会观察这个世界

人们都在以自己的角度观察和认识世界。在这样的多棱镜里，你看到的并非真实的世界，只是无数个和自己一样的人在以自己的视角看着世界、做着自以为是的事情所组成的集合罢了，于是令你们感到苦恼的世界就这样出现了。

没有人类的时候，世界就存在着，有了人类以后，世界还是本来的世界，只是人认为世界不一样了，这就是痛苦的本源。

学会观察这个世界，不光要换一个角度，有时候甚至要换一个多棱镜。

9．光荣与梦想

“光荣与梦想”是深藏于每个人心底的一种伟大配置，它所产生的动力与激情，可以改变世界上的一切，包括人类自身。威廉·曼彻斯特写的《光荣与梦想》里就描述了这种激情与动力。“光荣与梦想”引导我们克服所有的失败与挫折，并且提供永不枯竭的动力之源，成就我们心中的渴望与追求。

大声读一读“光荣与梦想”这 5 个字，你会感觉到一股神奇的力量开始在你体内涌动。

培训师，是光荣而富有价值的职业，是理想职业——转变理念、传授知识、扩展能力，它对于提升个人能力、提升企业绩效具有非常重要的作用。培训师的每一项工作，都与学员个人素质的提升和企业绩效的增长密切相关。但是，培训不是灌输，只有老师讲不行，学员还须敞开心扉；培训不是演讲，只是老师讲得好不行，学员要有足够多的领悟；培训不是上课，只有课堂效果好不行，还要体现在工作绩效的提升上。

所以，要真正改变培训低效的状况，让培训投入带来丰厚的实际效益，我们首先应该遵循一个原则——“三一律”，将学习需求、素质能力、行为习惯三位一体化，并且真正实现培训过程的 3 个转化：要求变需求，知识变能力，能力变行为。

但是，和学历教育相比，培训又具有自身的特点，所以，我们不能将培训教育和学校里面的学历教育等同视之。

作为培训师，我们的使命是传授知识、放大能量、延续生命。关爱学员、回报社会是培训师的职业操守；自我约束、严格要求是培训师的职业威望；精彩设计、完美表达是培训师的职业技能，培训师的职业技能是支撑职业道德的基础；博采众长、独具风格是培训师的职业风范，风范显示我们的内涵；追求完美是职业培训师的特质。一个好的培训师，要有一个良好的心态。

2.3.2 培训师的思维方式

著名教育家陶行知曾说过："兴味足以乐业。"意思是说，不管是学习，还是择业，你最感兴趣的，才是最合适的。学校的学历教育是这样，培训教育也是如此。讲一堂课，只有很快地把学员的兴趣激发起来，建立起大家对你的信任，你才能很好地切入主题，也只有这样，你才能更好地使学员实现学习要求向学习需求的转变。

那么，在培训的过程中，如何引发学员的兴趣呢？科学的课程导入是关键。培训师常用的课程导入方法有 5 种：设疑导入、引言导入、事例导入、数据导入、演示导入。

1. 设疑导入

这种方法在很多时候都能用到。

请大家回答，什么叫作绩效呢，什么叫作成功呢？

这就是设疑导入。就是抓住学员的疑问，然后替他来问。但是，开场提问要掌握一个原则：宜少不宜多。所以，一般来说，越有经验的老师，提问越少，因为提问常常导致"问神问出鬼来"。

曾经有个培训师做企业内训，当时，他的上级领导也在，他上了讲台，也采取设疑导入法："请问大家，什么叫作成功？"只听下面一个人发出冷冷的声音："哼，成功，不就是和领导搞好关系吗？"全场立刻静下来，领导的脸色也很难看，说话的人更是满脸忿然。这就是"问出鬼来了"。

其原因在于，培训师没有从开始就掌控好课堂，没有完全了解学员的情况。其实，他的提问就像踢出一个球，本来是想踢给学员，再让学员踢回来的，结果却是学员一脚把球踢到场外去了，而且是一脚踢到领导的脑袋上了。所以培训师不但要会踢球，更要会控球。怎么办？就是抛起来，然后自己接住。自己提的问题，自己接回来，不要让别人接着。提问常常并不是期望别人来回答的，而只是用这个问题作为引子来启发学员打开思路。

2．引言导入

培训师引用一段名人的话或者一句有哲理的话，以此来引导学员的思路。例如，讲“商道”时可以这样开头。

孔子说：“仁者乐山，智者乐水。”那为什么仁者乐山，智者乐水呢？可以用一句话来解释：“仁者静，智者动。”智，则具备智慧，智慧是多变的，智慧就像水一样，在于多变。如果我能冲过去我就冲过去，冲不过去我就绕过去再绕不过去我就积蓄能量，最后“飞流直下三千尺”。

德，就像山一样，让人感觉到你的宽广胸怀，感觉到你的原则性很强。水绕山则美，“山水相依”的人才能成功。相反，如果你的品德像水一样经常在变，你的智慧像山一样不动，那绝对是痴呆症!

通过这样一些引人入胜的话语就把主题带出来了。

3．事例导入

培训师可以通过讲解自己熟知的事情来导入所要表达的主题。

一直以来，我对自己的工作严格要求，做每一件事情，都力求完美，力求能够令客户满意。前不久我又做了一单广告，投放后立即收到很好的效果，为客户带来了更多的订单，实现利润增长 300 万元。我成就了客户，当然自己也得到了一笔不菲的收入和更大的发展空间。这就是我想要和大家分享的主题，因成就他人而成功。

4．数据导入

数据是很有说服力的，在很多时候，数据导入是一种不可置疑的导入方法。例如，要讲一个如何提升竞争能力的课题，如果这样导入就会很没劲：

我们一定要提升自己的竞争能力，我们一定要超越我们的对手。

但是换一下，用数据导入，就会有很好的效果：

今年上半年，我们的业绩增长了 20%，我们看上去是在进步，但我对比了竞争对手的数据，我们的 3 个主要竞争对手，今年上半年的业绩增长都在 25%以上。表面上看我们好像在进步，其实，这是整个市场大环境好转的结果，相比之下，我们还是退步了，我们只增长了 20%，别人增长了 25%以上，这说明了什么？说明我们在竞争上落后于别人。所以，今天我和大家分享一个如何提升竞争能力的课题。

5．演示导入

演示可以更直观地表现主题，使对方一目了然。培训师应该多用演示的方法，利用身边一切可以利用的东西，哪怕是一支笔、一个杯子。

你看，这是你的目标？这是你的起点？按理来说，最近的距离就是这条直线？但其实最近的距离往往是过不去的，而是需要绕过去的，因为这条直线根本走不通。

那么，当你跨不过去的时候干吗不绕过去呢？其实中国人头脑里有很多“就是跨不过去也硬要跨过去”的想法，但是西方人的观念却不同。当遇到发大水的时候，中国先人是大禹治水，人定胜天，而西方人是造诺亚方舟，坐着船跑了。这就是，当跨不过去的时候，就要另想办法解决。

例如，“商道”这个课程，很多人都在讲，有的说商道酬诚，有的说商道酬勤，有的说商道酬精，其实，都不太准确，不太全面。《易经》中说“一阴一阳谓之道”，用的是辨证法的观点，老子在《道德经》里也说：“道生一，一生二，二生三，三生万物。”以此再来认识商道，就比较清晰易懂了。

所以，我在讲商道的时候，即商道可以表现为 6 个方面，叫作商道酬诚、商道酬义、商道酬和、商道酬精、商道酬识、商道酬变。

只具备商道的一个方面不太可能发财。说诚，诚实的人太多了，但诚实的人就一定能发财吗？乡下的老大婶，从没嫁人的时候就在村口卖鸡蛋，从来不坑人，但到现在还是在卖鸡蛋，收入平平，最后搞不好还让人家给骗了。为什么？很诚实的人一定要很精才可以，这两方面不平衡，经商就有问题。但精而不诚，同样会失败。太精了，无商德，谁都坑，最后必定是搬起石头砸自己的脚。所以，一阴一阳谓之道，“诚”“义”“和”叫作阳，“精”“识”“变”叫作阴。

这样，当我们把道理演示出来给别人看时，就很容易把商道是获取财富的根本规律这一道理讲明白了。

当然，还有一些是不宜采取的，甚至是禁忌的开场方式，主要有以下几种。

第一种叫作自杀式的。

我呢，不大会讲话，但是今天来说两句……

这就是自杀式开头。上来就告诉大家你不会讲话，人家自然会想，你不会讲话上台干什么。

这种场合，我非常紧张啊……

这也是自杀式开头，其实一点小紧张，别人是看不出来的。但是你一说自己很紧张，就唤起别人对你的关注了，而且观察得特别仔细，看你手有没有发抖，头上有没有冒汗，越看你就越紧张。

这样的话就应该少说或不说。

第二种叫作自夸式的。这种方式和自杀式正好相反，一上台就先夸下海口，似乎自己“法力无边”。

有什么问题尽管提，没有我不会的……

其实很多问题，你是解决不了的。一般情况下别人不会故意为难你，但是你在上面夸了海口，别人就会说你“风大不怕闪了舌头”，就要想着琢磨个问题来难倒你，就像一个笑话里说的：

足球比赛我看得多啦，我懂得有关足球的一切知识。

是吗？那你告诉我，足球网有多少窟窿眼儿？

在课堂上，其实很多时候，就是因为培训师太傲慢，学员才向你挑战，他两个小时没有听课就是为了琢磨一个问题，要问倒你，你在一分钟之内能应付得了他吗？所以，培训师要平和一点，不卑不亢才是最好的。

第三种叫作游离式的。这种方式是指前面和后面讲的不一样，即逻辑不一致。培训师一定要保证讲课内容前后一致，逻辑不一致会导致前后矛盾。例如，有人讲一个培训师的作用：

培训师，是职业生命的导航者，在茫茫的职海中指引大家前进的方向……

过了半分钟，他来了一个结尾：

让我们再接再厉，开创新的高峰。

什么时候海军变成陆战队了？他先是忙着在大海中指引方向，刚过了一会儿，又再接再厉，攀上新的高峰了，这就不对了。后面应该这样讲：

让我们乘风破浪，到达胜利的彼岸。

这个逻辑才是合理的。培训师讲话时要时刻想到前后呼应，不能游离主题，否则就拉不回来了，即使拉回来，时间可能也不够用了。

当课程进行到该结束的时候，怎么去收尾？收尾的作用，是要使学员能够深化理解、强化印象、激发行动。一般有以下 5 种基本的结尾方式。

（1）综述结尾

今天我们一共讲了 3 个问题：第一个是“编”的问题，第二个是“导”的问题，第三个是“演”的问题。今天的课程就到这里。

这叫作综述结尾，将前面的内容综述一下。

（2）提炼结尾

比综述结尾稍微高明一些，不仅仅是综述一下，还要对前面的内容进行提炼。

今天我们学习了战略管理，战略管理的基本含义是什么呢？什么叫作有战略眼光？8 个字：站高一层，看远一步。一个人有战略眼光，要比别人看得更高，至少要站在你上司的高度去看，要比竞争对手看得更远。

（3）呼应结尾

开头我们讲了如何成人，后面我们讲如何成己。

如此使得前后呼应。

（4）激励结尾

即在结尾时给大家展望一下美好的图景。

我相信，明天站在各个讲台上的，将会是最优秀的培训师。各位，今天你们是学习者，明天就会成为大师。

（5）悬念结尾

提出悬念，引发思考，给人意犹未尽的感觉。

今天我和大家分享了管理的 5 项技巧。这个课程的结果会是怎样的呢？我相信，大家会以实际行动做出一份圆满的答卷来。

当然，在大多数情况下，结尾都是以上所述的两种以上方法的结合。

禁忌的结尾方式有：矛盾式——讲话前后矛盾，让大家不知所云；仓促式——大家还不知道怎么回事的时候你就下台走了；冗余式——课程早就讲完，却还在那里胡诌没完，惹得别人很烦，甚至鼓倒掌轰你。

3

从资源到机会，规划课程蓝图

3.1 认识培训需求

3.1.1 什么是培训计划

培训计划的制订要考虑的是公司整体发展、经营的需要，结合培训需求调查报告，来设定培训目标。

企业的培训工作不仅仅是培训部门的事，也是企业的事。培训部门作为企业培训工作的执行者，要在企业领导的支持下，会同各部门相关人员共同参与到培训计划的制订中去，不仅要以大多数人的意见为焦点，还要善于分析、判断调查中反映出来的问题，提出适宜的培训计划。

对于培训计划的总体要求，可概括为：定趋势、合形势、提优势。

3.1.2 培训计划要做什么

1．长期计划定趋势

对于企业长期培训（1～3 年）计划，要通过分析企业经营发展方向、人力资源开发战略和企业财务管理趋势，在董事长、总经理的领导下，确定相应的培训计划。

● 阶段目标的界定

企业培训部与有关的管理人员一起研究企业的生产营销计划，确定如何通过培训完成企业每年度的生产经营指标。通过检查企业的每项业务目标，确定都要从哪些方面进行培训，并确定通过培训来改善的状况内容，并作为各个年度培训的重点项目。只有明确培训项目，才能将培训计划和培训导向成功。

● 课程方向的确定

课程是培训的主题，在长期的培训计划中，要确定各个层级的人员素质能力的提升重点、各类培训活动的课题方向。

● 经费投入的规定

培训经费是企业培训部在制订长期培训计划时，对各项管理培训规划总费用的估算。长期培训计划要对企业发展中培训体系的建设、企业大学设备的升级改造、用于企业培训师激励的费用，在制度上做出明确、清晰的规定。

2．中期计划合形势

中期（1年以内）培训计划，我们也称为年度培训计划。对于年度培训计划需要的项目，要向各部门调查，以面谈和分析部门年度工作计划的方式，确定各部门通过培训来配合和推动的项目。

● 期望需求要综合

首先，通过与管理高层的沟通，可以获知他们对培训的期望值和态度，还可以得到他们对公司年度培训计划的承诺和鼎力支持，这会对计划执行非常有利。其次，还要与一些部门主管进行访谈，以探寻和确定他们的需求。此外，要收集并分析其他一些资料：如公司价值观、人力资源培育方针、人力资源结构、预算、组织工作流程、以往培训档案等。在综合分析后，制订出初步的年度培训计划大纲（包括培训主题、举办时间、培训目的、培训对象、人员规模与职级、课时、预估费用等）、然后邀请各部门主管举行联席会议，在共同参与的基础上得出结果，这会在计划执行时得到各部门的密切配合和支持。

● 目标分类要适合

在年度培训计划大纲完成后，要根据培训的目标进行分类。分类时要尽可能保证培训目标与对象相适合，一般采取矩阵式，培训目标分类表见表 3-1。

表 3-1　培训目标分类表

	高层员工	中层员工	基层员工
战略管理			
运营管理			
营销管理			
服务管理			
生产管理			
技术管理			
综合管理			

● 课题确定别重合

年度培训计划中，要对各类培训活动的课程进行严格区分，避免重合、互相覆盖。防止课程重叠最常用的两种办法：一是降低培训课程的适用范围，加深课程的精度和深度，这就要求采购课程时，要考虑到培训主题少而精、少而深。二是严格限定培训师多课题合作，以免各项课程之间发生案例、数据重叠等。

3．短期计划提优势

短期（3 个月以内）培训计划的制订，要围绕培训效果如何促进学员生产、营销、服务、管理、经营能力和优势的提升。要关注学员的学习感受，用不同的学习方式来适应个体的需要和差异。如培训资源有限，不能同时满足所有学员的培训需要，可以采取合并“同类项”的方式，优先满足共性要求。短期计划要突出“快”字，快成长、快收益，有显而易见的正向变化，才会得到企业最高管理层的认可、承诺（特别是学员培训时间上的承诺）和投资（支持各项培训计划的资源）。

● 入戏——项目计划书的编撰

短期培训计划是由若干个《培训项目计划书》组成的，当《培训需求报告》获得批准后，可将《培训需求呈现表》（见表 3-2），转给培训项目负责人，由培训项目负责人编撰《××部门培训计划书》。

表 3-2 培训需求呈现表

部门名称		单位网址	
希望培训解决的问题	执行责任不到位。团队领导者对自身的岗位责任并不清楚，没有很好地履行对上级的服从责任、对下级的教导责任、与平级部门的合作责任和自我管理的自律责任； 执行承诺不兑现。总是发表一些千篇一律、似曾相识的豪言壮语，但极少将这些口号与执行紧密结合，浪费了太多的机遇与成本； 执行行为不完美。行动总是被一而再、再而三地拖延，即使投入工作也没有效率，工作不按规范标准来，把团队的流程制度置于脑后，处理事情自以为是； 执行使命不坚决。不能从企业根本利益出发，面对团队任务总是站在自我角度提出质疑，上级意图被错误地理解后借口不断，不注意管理形象，只愿意制订计划，将执行交与部下来完成； 执行心态不端正。时常表现得愤世嫉俗，将团队给予的一切视为理所当然、认为种种恩惠不过是一种商业交换，缺少感恩之心，执行中只会怨天尤人却很少反省		
部门能够提供的资源	无		
课程必须达成目标	1．学员对自己在执行中的团队责任有清晰的认识； 2．学员在执行中的行为要有所改善； 3．作为团队负责人，面对工作任务不找借口拖延； 4．端正执行态度，懂得开展批评与自我批评； 5．培训中的成果，要用具体形式来得到保证		
杜绝出现内容与形式	1．杜绝类似《成功学》课程的口号式激励； 2．杜绝单调的授课形式，要加入部分互动演练和案例分析		

续表

<table>
<tr><th colspan="2">部门名称</th><th colspan="3"></th><th colspan="2">单位网址</th><th colspan="2"></th></tr>
<tr><td colspan="2">参训学员
岗位描述</td><td colspan="7">事业部机关部门负责人、各工程项目部经理，属于事业部中层管理者</td></tr>
<tr><td colspan="2">学员人数</td><td></td><td colspan="2">培训日期</td><td colspan="2"></td><td>课时数
（小时）</td><td></td></tr>
<tr><td rowspan="4">学历
结构</td><td>研究生
以上</td><td></td><td rowspan="4">年龄
结构</td><td>30 岁以下</td><td></td><td rowspan="4">性别
结构</td><td rowspan="2">男</td><td rowspan="2"></td></tr>
<tr><td>大学
本科</td><td></td><td>31～35 岁</td><td></td></tr>
<tr><td>大学
大专</td><td></td><td>36～40 岁</td><td></td><td rowspan="2">女</td><td rowspan="2"></td></tr>
<tr><td>其他</td><td></td><td>41 岁以上</td><td></td></tr>
<tr><td colspan="2">联系人</td><td></td><td>电话</td><td></td><td colspan="2">电子邮箱</td><td colspan="2"></td></tr>
<tr><td colspan="2">联系人
所在部门</td><td></td><td>QQ</td><td></td><td colspan="2">传送日期</td><td colspan="2"></td></tr>
</table>

【例】

装饰事业部管理者执行力提升培训计划书

一、问题呈现与目标设立

2015 年，集团装饰事业部将继续坚持“与时俱进，开拓创新”的发展思想，实现本公司装饰品牌跻身中国知名品牌行列、装饰业绩较 2014 年增长 20%的战略目标。战略的规划离不开卓越的执行，卓越的执行有赖于强大的团队执行力。

目前，集团装饰事业部的战略发展与战略执行还不十分匹配，战略规划强，执行能力却比较弱。由于组织处于成长期，团队建设较为薄弱，团队管理执行能力有待加强。

在团队成长转型期，团队成员面对眼花缭乱的机会与挑战，易产生浮躁心态，期望新的管理方法“一用就灵”、新的设计方案“一鸣惊人”，中高层管理者过于关注个人短期的业绩增长、职位升迁，无法将精力集中在团队执行能力的提升上，不安心于本职工作，不能对自己的工作严格要求、追求更高品质，进而发展成为“大事干不了、小事不愿干”的状态，甚至频繁跳槽，这种浮躁心理，对于提升组织、个人的执行力都有负面的影响。

执行力的提升、心态的改变必须落实到团队素质的转变上，团队整体素质的转变要抓住团队中高层领导者这个关键。“火车跑得快，全凭车头带”，加强团队中高层领导者的执行能力和良好心态的训练，对于全面提高公司员工素质具有十分重要的意义。

为此，本次培训通过达成五大目标，来提升装饰事业部管理者执行能力。

1. 学员对自己在执行中的团队责任有清晰的认识；

2. 学员在执行中的行为要有所改善；

3. 作为团队负责人，面对工作任务不找借口拖延；

4. 端正执行态度，懂得开展批评与自我批评；

5. 培训中的成果，要用具体形式来得到保证。

二、解决要点与培训方法

根据本培训项目重点解决以下 5 个问题。

1. 执行责任不到位。团队领导者对自身的岗位责任并不清楚，没有很好地履行对上级的服从责任、对下级的教导责任、与平级部门的合作责任和自我管理的自律责任。

2. 执行承诺不兑现。总是发表一些千篇一律、似曾相识的豪言壮语，但极少将这些口号与执行紧密结合，浪费了太多的机遇与成本。

3. 执行行为不完美。行动总是被一而再、再而三地拖延，即使投入工作也没有效率，工作不按规范标准来，把团队的流程制度置于脑后，以自我方法处理事情。

4. 执行使命不坚决。不能从企业根本利益出发，面对团队任务总是站在自我角度提出质疑，上级意图被错误地理解后借口不断，不注意管理形象，只愿意制订计划，将执行交与部下来完成。

5. 执行心态不端正。时常表现得愤世嫉俗，将团从给予的一切视为理所当然，认为种种恩惠不过是一种商业交换，缺少感恩之心，执行中只会怨天尤人却很少反省。

面对五大执行力难题的困扰，我们将采取第三代体验式教学形式，借鉴军队训练特种兵的技法，通过模拟一系列团队管理执行的真实情境及事件，以相关的管理知识为基础，使参训学员在团队演练中充分参与，获得学习体验。并在培训师指导下，团队成员共同交流体验结果，反思个人行为，沉淀处理问题经验，形成解决团队常见问题的方法，培养出更多的职业团队管理者，成为企业团队积极思想的传承者和引导者，成为解决团队问题的标杆。他们会感召和带动团队其他成员，像他们一样成为团队积极心态、超强执行力的“酵母”，为团队做出更多的贡献，创造更新的业绩。

为了保证这 5 项培训目标的实现，所有参训人员结业后，要围绕如何提升公司绩效做出一份《百日成就计划书》（见表 3-3）。在培训后跟踪学员的计划执行情况，并与装饰事业部共同评价参训学员的变化，加强训后督导。

表 3-3　百日成就计划书

装饰事业部管理者执行力提升培训百日承诺计划
部门（项目部）：　　　　姓名：　　　　职务：
1．我将向上级的领导做一次承诺，保证在今后的具体工作中服从上级指令。 我将在 2015 年____月____日以前向上级主管当面承诺。 上级主管姓名： 承诺内容：
2．我将为一位下属做一件有意义的事，鼓励他（她）勤奋工作，继续为团队创造新业绩。 我将在 2015 年____月____日以前完成。 下属姓名： 具体内容：
3．我将与同级部门的上管进行一次谈心，为今后跨部门合作架设畅通之桥。 我将在 2015 年____月____日以前进行。 同级部门的主管： 谈心内容：
4．我将刷新去年的业绩目标，为所有团队成员做出榜样。 我将在 2015 年____月____日以前达成目标。 业绩目标：　　　　万元 实现过程：
以上计划我将按时按质保量完成，请监督！

在具体教学技法上，我们将采用以下训练方法。

1．游戏带动法：培训中所有的演练都是以“连队”为单位展开的，学员要通过自己的表现，来赢得物质的奖励——喝可乐，和精神的鼓舞——加勋章，把物质与精神两个维度的激励结合起来，像打麻将牌一样，既给参训学员精神动力，又设置象征性的筹码，学员就会乐此不疲。

2. 角色扮演法：课程中让学员扮演领导的角色，让他带领更多的人与其他“连队”比拼，完成一次次艰难的任务。通过扮演领导角色，让学员体验“下属”不服从的感受，让他体验不被人理解的苦和没有回报的痛，同时让学员承担失败的责任（演练中，非冠军“连队”将被撤换“连长”），即使学员表现不错。学员将在角色扮演中，学会如何在服从上级指令的情况下，调动下级的沟通热情。

3. 案例分析法：拿出管理中的真实案例，在课堂进行现场解析，并根据不同“连队”解决问题的方案给予奖励。同时，鼓励学员将具体工作中的难点问题拿到课堂上做分析。

4. 百日计划法：培训中让员工从解决团队问题入手，针对岗位实际制订百日成就计划，有效平衡目标与事件的关系。

三、培训内容与时间安排（见表 3-4）

表 3-4　培训需求呈现表

时间		课程内容	教法技法
13 日	18:30～19:30	启程，学员报到	
	19:30～21:30	划分连队，创建连队文化	
	21:30～22:00	连队文化呈现评比，布置晨训内容	
14 日	7:30～8:20	晨训：队列训练、评比	游戏带动法
	8:20～9:00	早餐：按连队就座	—
	9:00～9:15	高效执行力 4 要素	课堂讲授法
	9:15～9:30	宣示进攻计划	
	9:30～9:45	防范群体执行阻力	
	9:45～10:45	演练：战局博弈	案例分析法
	10:45～11:00	课休	—
	11:00～11:15	将不可能变为现实	课堂讲授法
	11:15～11:30	争取执行者的支持	
	11:30～11:45	执行型领导的二元能量	
	11:45～12:00	执行型员工的素质模型	
	12:00～12:10	下课整备	—
	12:10～12:45	午餐：按连队就座	—
	12:45～14:30	午休	—
	14:30～14:45	找方法，而不是找借口	课堂讲授法
	14:45～15:00	训练与培养高效执行者	

续表

时间		课程内容	教法技法
	15:00～15:15	淘汰缺乏执行力的员工	
	15:15～15:30	5 分钟激励下属士气	角色扮演法
	15:30～15:45	课休	—
	15:45～16:00	调动 4 种能量	课堂讲授法
	16:00～16:15	员工动力的 3 个档位	案例分析法
	16:15～17:15	演练：敌后电波	课堂讲授法
	17:15～17:30	发掘主动积极者的潜能	—
	17:30～17:40	下课整备	—
	17:40～18:20	晚餐：按连队就座	—
	18:20～19:30	休息整备	
	19:30～20:00	夜训热身	游戏带动法
	20:00～22:00	感恩训练：重走长征路	
	7:30～8:20	晨训：极限之跃	游戏带动法
	8:20～9:00	早餐：按连队就座	—
	9:00～9:15	分享：极限之跃活动感悟呈现	课堂研讨法
	9:15～9:45	4 项职场执行潜规则	课堂讲授法
	9:45～10:40	演练：实施精确打击	案例分析法
	10:40～10:55	课休	—
	10:55～11:05	执行的 6 种路径	课堂讲授法
	11:05～12:00	撰写、分享百日承诺计划	课堂研讨法
	12:00～12:10	下课整备	—
	12:10～12:45	午餐：按连队就座	—
	12:45～14:30	午休	—
15 日	14:30～14:45	像巴顿一样建立非常规则	
	14:45～15:00	战场的 7 条军规	课堂讲授法
	15:00～15:15	项目快攻 5 步法	
	15:15～15:30	执行沟通的基本要领	
	15:30～15:45	如何与上级沟通	案例分析法
	15:45～16:00	如何与平级沟通	
	16:00～16:15	课休	—
	16:15～16:30	如何与下级沟通	案例分析法
	16:30～17:15	演练：如此沟通	游戏带动法
	17:15～17:30	执行说服 7 式	课堂讲授法
	17:30～17:50	连队总结 PK 赛	游戏带动法
	17:50～18:00	结业	—

四、师资简介与主修专长（略）

五、课堂效果评估（见表 3-5）

表 3-5 调查问卷

★烦请您认真填写以下问卷，请在您认可的方格内划“√”，衷心感谢您的支持！											
评价项目		很满意		满意		一般		不满意		很不满意	
课程内容	课程容量	10	9	8	7	6	5	4	3	2	1
	内容深度	10	9	8	7	6	5	4	3	2	1
	内容与主题切合度	10	9	8	7	6	5	4	3	2	1
	案例丰富，重点突出	10	9	8	7	6	5	4	3	2	1
	结合实际，对工作有指导意义	10	9	8	7	6	5	4	3	2	1
讲师表现	现场控制及气氛调节	10	9	8	7	6	5	4	3	2	1
	表达技巧及讲授能力	10	9	8	7	6	5	4	3	2	1
	理论底蕴及系统思考能力	10	9	8	7	6	5	4	3	2	1
	实战经验及解决问题能力	10	9	8	7	6	5	4	3	2	1
	授课态度和对学员的关注度	10	9	8	7	6	5	4	3	2	1
组织服务	培训组织态度	10	9	8	7	6	5	4	3	2	1
	培训组织效果	10	9	8	7	6	5	4	3	2	1
	现场服务态度	10	9	8	7	6	5	4	3	2	1
	现场服务质量	10	9	8	7	6	5	4	3	2	1
您的收获与感悟：											
您的建议或意见：											

六、培训费用预算（见表 3-6）

表 3-6 培训费用预算

序号	费用科目		单价（元）	数量	小计（元）
1	交通费	学员	800	2	2200
		培训师	300	2	
2	场地使用费	教室	1000	3	3500
		户外	500	1	
3	教师课时费		5000	3	15000

续表

序号	费用科目		单价（元）	数量	小计（元）
4	教具使用费		500	1	500
5	教材印刷费		12	60	720
6	住宿费		180	31	5580
7	餐费	早	15	116	8700
		中	40	116	
		晚	40	58	
培训项目预算合计					36200

备注：

1．为保证培训效果，本次培训采取封闭式学习的方式，13 日 18: 30 于××地产集团装饰事业部门前，统一坐车前往集团培训中心。

2．教室使用费，13 日晚（按 0.5 天计费），14 日全天（按 1.5 天计费），15 日白天，共按 3 天费用计算。

3．培训期间，学员在培训中心使用 2 次早餐、2 次中餐、1 次晚餐。

4．住宿用房为双人标准间：男学员 21 间，女学员 7 间，授课老师、助教及项目组织者各 1 间，共 31 间。

七、附件

培训项目负责人：××地产集团培训部刘××

负责人联系电话：××××××××

3.2 培训计划核心 4 问

3.2.1 确定课程的名称

好课程始于好题目！我们先看这样一些培训的题目——“市场营销”“人力资源管理”“战略管理”，这些是我们经常看到的，也是一些培训师非常喜欢讲的题目。这样的培训题目好吗？不好，因为它们不是培训的课题，涵盖的内容太宽泛了，不具有针对性。什么叫作战略管理？什么叫作人力资源？真要把这样的课题讲好的话，至少要讲一个学期，讲一本教材的内容。这不是培训教育所承担的任务，而是院校教育应承担的任务。

一个设计得很好的培训课程的题目应该是这样的，如“移动通信的人力资源考核体系”“知识型员工的管理”等。这样的题目的特点是培训内容和培训对象的交集，内涵和外延界定得比较清楚。所以说，没有交集的课题，不叫培训课题，而叫作教育课题。好的培训课题一定是介于专业线和对象线之间。例如，“党政干部的领导力艺术”这样的培训题目，表明了它和一般笼统地讲领导艺术的课程的区别。讲领导力，就应该具体到科长、处长的领导艺术和领导方法。所以，我们在设计一个培训课题的时候，要着力寻找培训的交集点，只有这样，培训题目才有针对性，内容才容易出彩。

我们认为以下所列举的就是一些比较好的培训课题：

- 新任领导百日成就之旅、
- 360° 领导力修炼、
- MTP 管理 5 项全能实务、
- 汽车营销员的顾问式管理推销技巧、
- 餐饮业发展新模式、
- 基于胜任力的培训体系设计与管理实务、
- 项目管理与提升执行力的九大工具。

3.2.2 专业化的课程内容

课件制作是否专业也是评价一个培训师水平高低的重要标准。这里和大家一起分享一些课程内容的结构方式，这些方式是在培训过程中经常用到的。一是以时间顺序构筑知识体系的方式，二是以比较关系构筑知识体系的方式，三是以空间关系构筑知识体系的方式，四是以心智模式构筑知识体系的方式。

1. 以时间顺序构筑知识体系的方式

按照事件发生的时间顺序，例如，流程一般是以时间为顺序的，第一步、第二步、第三步……还有讲新员工成长的 4 个阶段，通常是以时间顺序来罗列的。再有我们经常用到的递进结构，也是以时间为顺序的，像企业文化培养 4 步骤。第一是确定愿景，第二是确定使命，然后制定目标，最后付诸行为。这样以文化培育的时间为顺序递进。当愿景没有确定的时候，企业使命也是无法确立的，使命没有确立，你定的目标也就比较盲目了。目标、使命、愿景都没有确定之前，你的行为肯定是无方向的。

2. 以比较关系构筑知识体系的方式

做横向、纵向的对比就属于这种方式，有的管理培训师经常喜欢通过中西方企业的对比来讲国内企业应如何洋为中用，很容易让人折服；也有的培训师擅长纵向对比，谈古论今，效果同样不错。这就是“不怕不识货，就怕货比货”的道理。所以，课程的内容可以经常用到这样的对比结构，如“经理人常犯的错误”这门课，就可以把正确的做法和错误的做法分别列出来，一对照就一目了然。

3．以空间方位构筑知识体系的方式

所谓空间方位，就是通过从低到高，或者从左到右的方式来表示我们的知识体系。例如，我们经常用的矩阵图方式，就是二维空间。金字塔也是我们常用的结构。例如，前面我们讲的“经理人常犯的错误”这门课，同样可以用金字塔结构来反映。层级结构是比较明显的以空间方位构筑知识体系的形式，这在做培训咨询的时候经常用到。

例如，某银行的员工守则是“锐意创新、忠诚守信、爱国爱行、至诚服务、敬业爱岗、爱护行产、团结协作、遵纪守法、仪态得体、勤工守时”。如果光背文字，可能有点困难，因为文字比较多，且相互之间没有什么关联性，但如果把员工守则按 4 个层面进行结构化处理，就好记多了。这 4 个层面是：守纪、爱心、诚信、创新，用金字塔图表示，就如图 3-1 所示。而且结构化之后，发现员工守则还存在一些问题，如在第二层面的“爱护行产”“爱国爱行”有所重复，“爱国爱行”已经包含了“爱护行产”的意思，据此可以做修改。

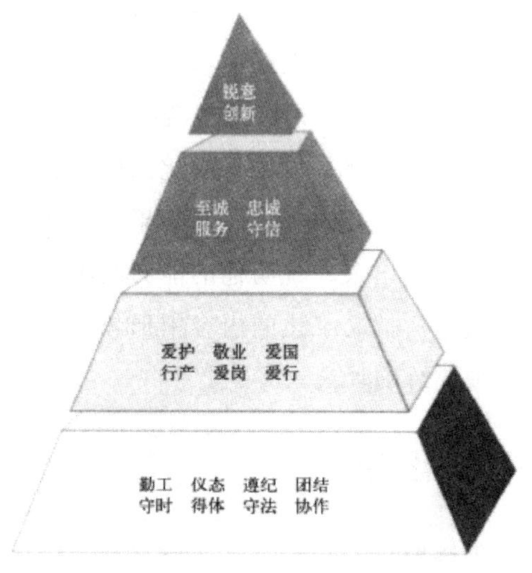

图 3-1　员工守则的金字塔图

4．以心智模式构筑知识体系的方式

所谓心智模式，更多的是一种逻辑思维的表达方式，这是属于比较前沿的一种表达方式。用心智模式构筑知识体系最具代表性的就是思维导图形式。

思维导图，又称为心智图（Mind Map），这是英国著名心理学家托尼·博赞（Tony Buzan）在研究人的大脑的力量和潜能的过程中，发现伟大的艺术家达·芬奇曾在他的笔记中使用了许多图画、代号和连线。于是他朦胧地感到这可能正是达·芬奇拥有超级头脑的秘密所在。在此基础上，博赞苦心钻研，于 20 世纪 60 年代发明了思维导图这一风靡世界的思维工具。

思维导图就是一幅幅帮助你了解并掌握大脑工作原理的使用说明书，它有许多独特的功能：能够使使用者具有超强的记忆能力，能够增强使用者的立体思维能力（包括思维的层次性与联想性），能够增强使用者的总体规划能力。我们前面讲的领导力模型图，其实就是思维导图的一个变形，只不过它是用传统的雷达图形式呈现出来了。

如果我们掌握了构筑知识体系的这样 4 种方式——心智结构、对比结构、层级结构、递进结构，同时既有时间的顺序，又有空间的对应，再来设计一个课程，把知识体系模型化，就能使我们事半功倍。

日本一个管理学家写了一本书叫作《图解德鲁克》，当他把彼得·德鲁克的理论都画成图来表示的时候，发现了问题。于是他和德鲁克交流，认为德鲁克的体系里面还应该加上这一条、那一条，等等。德鲁克问他是怎么发现的，他说自己通过画图发现对角线上还应该加上这些……尽管德鲁克是管理大师，但别人用结构化图形一检测，大师也会有疏漏之处。

结构化图形的过程，其实就是思维科学化的过程。所以，我们的培训课程内容要做到专业化，就一定要学会画图。如果一个培训师不能把自己所讲的理论和方法用图的形式画出来，说明他的能力还不全面，还没有真正理解课程内容的内在逻辑关系。把文字化的内容用形象化的图形表现出来，是培训师提高自身水平必须要练的功夫。

3.2.3 课程内容的设计

内容设计一定要围绕题目进行！有了课题名称，接下来就是内容的设计了，要使题目这一主题有机地贯穿于内容之中。课程的价值在哪里？不仅要有一个好的题目，更要有相适应的内容去丰富和充实培训的主题。但在现实培训中，经常可以见到这样文不对题的情况：培训的题目是“东方式管理”，内容却大讲特讲西方式管理，并且不和东方式管理做比较。如此的培训，其效果可想而知了。

所以，我们在设计课程内容的时候，首先要做的就是先界定课程的内容，也就是内涵，特别是界定核心内容，就是与培训课题直接相关的内容。其次，确定外延的内容，就是间接相关的内容，也要做适当的准备，因为它对课程主题内容的补充往往起到锦上添花的作用。例如，对人力资源经理讲人力资源管理，如果就事论事地谈人力资源管理，可能培训对象都不知道人力资源的定位到底在哪里。此时加入一些延伸的内容，看似与主题无关，却能让学员听得明白，效果就非常好。

例如，我们可以先撇开人力资源的定位不说，而先说人力资源在企业整个战略中所处的位置，如此一来，可使学员的印象更深刻。

我们知道，在企业的整个发展战略里，人力资源是越来越重要了。《从优秀到卓越》一书的作者柯林斯曾这样说：“原来我一直以为战略比人力资源更重要，现在我发现我错了，用人比战略还重要。其实，拥有一个伟大的公司，都是因为用对了一个人，进而制定了一个伟大的战略。”

假如杰克·韦尔奇制定了一个很好的战略，但是如果他交错了班，用错了人，这个继任者不执行他所制定的战略，那么战略即使再好，也毫无用处。反过来，他选对了杰夫·伊梅尔特作为接班人，杰夫·伊梅尔特正确地执行了他的战略。

所以人力资源的重要性及其定位就不言而喻了。

同样的道理，如果做服务业的培训课题，就一定要知道营销学，假如连营销学都不知道，那么讲所谓的服务学就绝对精彩不了。为什么？道理很简单，因为现在是一个从营销为王转变到服务为王的时代。如果我们做一个形象的比喻，营销好比是狩猎经济，看到猎物就将它拿下。等待顾客出现，我们就将他搞定。而服务则是畜牧经济，“饲养”客户，“喂养”客户。

从人类社会的进化史来看，狩猎经济发展到畜牧经济，是人类的一大进步，那么，从营销为王到服务为王，也可以说是经济发展的一大进步。

我们在这样一种背景下去讲服务就会讲得很精彩了。所以，在设计培训课程内容时，必须补充相关的背景知识，在一个大环境中来体现主题。就好比一辆红色的轿车，把它放在同样颜色的环境中就不显眼，而如果放在白色汽车群里，则一下子就突显出来了。所以培训课程要有背景知识来突出主题内容。

那么我们如何来充实课程的内容呢？除了利用培训师本人的知识储备外，我们还有许多丰富内容的方式。像利用网络就是最快捷的，点击一下关键词，就能搜索到大量的相关内容，收集资料变得易如反掌。不过，网络的缺点是资料不具备唯一性，准确性稍差。你可以引用，别人也可以引用，这样有时资料的新鲜度就欠缺了，影响了培训师的权威性。

专业性相对较强的是相关领域的专著，它是我们设计课程内容时很重要的参考资料。每一个行业都有其经典著作，这是每一个培训师必须要看的。譬如讲营销学，如果没有看过科特勒的《营销管理》的话，那肯定是不行的。所以，作为培训师，应该知道行业的学术制高点和发展趋势。多读大师的专著，可以产生很多的灵感，令我们受益终生。

除了网络和专著，我们还可以找专业性杂志，专业性杂志的信息量很大。例如，对于搞地理的人来讲，《国家地理》一定是不能错过的；搞管理培训的人则应该看《哈佛商业评论》，这是被业界公认的在管理领域具有权威性和前瞻性的刊物；当然，还要结合中国的国情，本土的一些优秀的专业杂志也应该成为我们案头的参考书。只要有为我们课程服务的好内容，我们都应该积累起来。

3.2.4 课程内容的结构化整合

设计的课程如果没有经过结构化的梳理，基本上就是“垃圾”。只有将知识体系化、结构化，才能明晰课程的内在逻辑。然后再添加相应的内容，这样才会有血有肉、精彩纷呈。

在这样一个梳理的过程中，我们首先要注意一个问题，那就是课程亮点的设计。课程亮点的设计犹如画龙点睛，龙要画得活灵活现，关键在于点睛之笔。许多培训师的课程之所以不够精彩，就是因为他们画的是一条瞎龙。虽然看上去是一条龙，但却是一条“死龙”。为什么？课程没有亮点设计，抓不住听众的兴趣，激发不了听众的兴奋点，无法与听众产生共鸣。

以前我与一位知名大学的教授交流，他告诉我他有一个苦恼就是培训课程总是讲得比较平淡，学员兴奋度不高，有的还犯困。我一听就明白是怎么回事儿。知名大学的教授，按道理说，功力应该很深厚吧？但他属于学院派，有这么一个缺点：课程内容很好，但课程亮点的设计不够。看完他的课件，也确实是这样，于是我们对他的原课件进行了升级完善。他再去讲的时候，就相当精彩了。

抓住学员兴趣的关键之一就是我们的课程结构要优化，也就是在每一个知识点里，最好都要设计出一个精彩点来吸引听众的眼球，吊足听众的胃口。要做到结构优化，就要进行结构化检测，即画出你的课程来。一旦能把学习内容画出来，学习就会变得容易多了。

这是因为人类的大脑对图形的感受和对文字的感受是完全不同的，人类最初就是通过图形这种具象的符号来认识、表述事物的，如结绳记事等。如果满满一黑板全是文字表述的话，人自然会产生一种排斥的心理，学员的接受度就大打折扣了。如果这里有 6 个主题全部都用文字表述的话，既令人难以消化，也不形象具体，但用图形表示就会很清晰。例如，我们讲“商道”，可以先用图 3-2 来表示，再适当辅以文字，就很直观生动了。

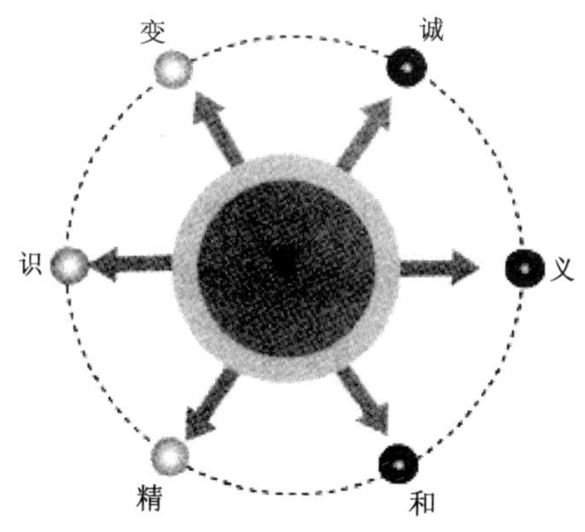

1. 诚——诚信为本
2. 义——兼善天下
3. 和——和气生财
4. 精——善于经营
5. 识——远见卓识
6. 变——创新求变

图 3-2　商道示意图

又如讲领导力，我们可以借助于很多结构化图形。

领导力到底包含了哪些能力？我们归纳为：持续成长的能力、多谋善断的能力、整合资源的能力、培育团队的能力、创造绩效的能力、凝聚人心的能力。

把这些能力用图形表现出来，我们就会发现其中的逻辑关系了：持续成长靠学习力；多谋善断靠决断力；整合资源靠组织力；培育团队靠教导力；创造绩效靠执行力；凝聚人心靠感召力。这样一种逻辑关系理清之后，我们就可以对这些能力进行排列了。

排列之后我们会发现学习力的对角线上是教导力，那它们之间是什么关系？一个输入，一个输出，把装进脑子里的知识再转化为我们的领导能力。领导力自然需要有这种输入和输出的能力。然后是决断力和执行力，一个思考，一个行动。领导仅会思考还不够，还要有很强的执行力。然后是组织力和感召力，一硬一软。这样的一入一出、一思一行，如果不画图形，讲起来很抽象，听起来很费劲，不容易懂；而看了图形，再讲解就容易记住了。

假定我们把领导力分为 3 个层次，最里圈的为一般水平，中间圈的为良好水平，最外圈的为优秀水平，然后就可以把每个人的领导力用定量的方法在模型上很清晰地表示出来了。假如我们定义决断力、感召力、学习力、执行力及教导力为 3 分，组织力为 5 分。通过给自己打分，我们就会发现自己的缺陷在哪里了。

如果自己的学习力不错，执行力也挺好，但是组织力比较差，那就是企业内部管理存在问题；如果教导力比较差，那就是对培养接班人的问题重视不够；如果决断力较差，说明企业存在机构臃肿、人浮于事的情况；如果感召力差，说明领导的权威性不够，或者是某些领导岗位的设置有问题。

那么我们通过这个模型图还可以发现什么？即按照面积最大为最优的原则，补自己短缺的那些力。如组织力的面积比较大，则说明在这方面做得不错，那就补分值最少的那些力。

这个模型图对企业管理也适用。企业出现的问题，我们也可以用这个工具来分析：假定学习力出问题了，那么这个企业一定是患了营养不良症、厌食症，或消化不良症；假如是教导力不行，那就叫作不孕不育症，因为不能够传承后代了；如果是组织力短缺，肯定是骨骼肌肉病；如果感召力不行，则肯定是患了精神病，领导人无法号召下属了。

作为一个培训师，教给学员的应该是一种结构化的知识。为什么有的培训课程不精彩？就是因为培训师自身就没有将知识予以真正的消化，内化为自己的东西。自己还没有消化，就给别人讲，别人能听得进去吗？效果自然可想而知。

3.3 需求处理的基本方法

可以把培训需求分析比作是医生诊断，医生会针对患者的症状问一些具体的问题来确定病因，通过治疗来减轻患者的病痛并最终治愈疾病。培训管理者同样如此，要先找出企业的症状，然后分析通过培训可以解决哪些问题。

一般来说，企业培训需求的产生可以概括为一句话：有易则生需。

3.3.1 获取信息

变化引发培训需求，要从变化中获取信息，在企业中有变化的地方总会有培训需求，通常培训需求都聚积在“易”处。

- 易人

员工成长、岗位调配、人员流动，新入职员工无论原来从事何种工作，为了尽快进入工作状态，都需要接受培训来快速产生新业绩。“易人”就是因人员的变化而产生的培训需求。

- 易工

因企业的发展变化，工作内容、工作范围、工作性质也随之发生相应的变化，为了适应这种变化产生的培训需求，我们称为“易工”。

- 易效

绩效没有最好，只有更好，企业追求绩效不断提升，而绩效的提升要靠员工来实现。当员工的能力与素质增长滞后于绩效标准的提升时，为应对绩效标准变化而产生的培训需求，我们称为“易效”。

3.3.2 需求分析

培训师通过多重分析明确培训需求，用对的分析方法打开需求之锁，对员工的知识和技能进行调查分析，可以明确培训的内容；对员工的培训态度进行分析，可以清晰地了解员工对培训的认识，以便采取相应的培训动员措施；对岗位和人数进行分析，可以知道哪些岗位需要进行培训，以及培训的先进性和迫切性。

● 解需才能定目标

做好培训需求分析。明白了培训的热点需求，就有了培训的目标。只有具备了培训目标，才能制定出有效的培训方案。并为培训效果的评估提供可供参照的标准，从而取得良好的培训效果。

● 解需才能做决策

培训需求分析是领导者进行培训决策的第一手资料。如何说服领导启动并且支持培训项目的开展，是问题的关键，一份好的培训需求报告，有利于领导快速做出决策。

那么从哪里入手进行分析，如何通过分析知道员工的培训需求呢？要着重从培训需求的不同层面来进行分析。

1. 组织分析需在“用”

组织层面的培训需求分析是最高层面的分析，培训作为解决组织存在问题的一种手段，具有提升组织绩效这个明显“功利性”的特质。很多组织的培训需求分析都还停留在“组织所需”的表象上，但是当所“需”不能被所用时，组织很难考虑做培训投入，所以，组织层面的需求分析，要更多地聚焦在有用、能用、实用、管用上来。

2. 岗位分析需在“缺”

这个层面的分析，要通过对现有岗位要求与担任此岗位工作的员工素质、工作绩效等方面进行比较，查找缺失、缺损，所谓缺什么补什么。但是，培训只是岗位补“缺”的手段之一。除此之外，员工岗位上的缺失、缺损现象，也可以用操作创新、流程控制等其他管理手段实现。所以，岗位层面需求分析的重点，应是培训能否解决所“缺”的问题。

3. 个人分析需在“痛”

个人层面分析的重点在于解决员工的成长障碍，也就是职业成长中让他（她）感觉痛苦的地方。例如，员工人际关系问题、岗位工作效率问题等。培训需求分析不是在于要给员工做什么样的培训，而是这个培训是不是易于被员工接受。

不同层面的培训需求分析都是指向培训结果的。如果培训师对于需求分析只是一厢情愿，而没有指向不同层面的关键点，那么培训可能就会成了强加于人的负担。

找到真正的需求是增强培训效果的关键，挑选适当的需求分析方法是增强课程质量的保证。通常情况下，培训管理者经常使用的调查方法有：现场观察法、接触访谈法、问卷调查法。

“一把钥匙开一把锁”，想要什么样的调查效果就要配什么样的方法。对于时间较紧而质量要求高的调查，可以采用进入现场、仔细观察的方法；对于内容多并要求深入详细的调查，就应该采用接触访谈法；对于需要精细的定量分析的调查，就应该采用问卷调查法。

3.3.3 需求分析方法

培训需求分析方法要做到三要：观察现场要仔细、接触访谈要详细、问卷调查要精细。

现场观察法是培训调查者进入员工工作现场，用自己的感官及辅助工具，观察记录被调查对象的表现，从而获得第一手资料的调查方法。按照观察者是否参与被观察者的活动，现场观察法可以分为参与观察与非参与观察两种。

1．“主观”误导

参与观察是指观察者直接介入被观察者的活动，与被观察者发生联系，以内部成员的角色参与他们的活动，在共同活动中观察收集有关资料。一般来说，参与观察比较全面、仔细，能获得较直观的感性材料，但观察结果易受被培训调查者的情绪影响，带有一定的主观色彩。参与观察法一般适用于无法从外部观察的场景。

2．浮在“表面”

非参与观察法是指培训调查者不参与被观察对象的活动，而是以局外的角色对调查对象进行观察，不干预员工的工作过程，只是记录工作事件发展的自然情况。非参与观察比较客观、公正，但只能看到一些表面的东西，观察难以深入。非参与观察一般适用于无法或无须介入被观察者的情况。

3．“假设”推理

现场观察法作为调查者有目的、有计划的认识活动，与人们日常生活中随意的、无计划的观察活动不同。培训需求调查的现场观察，是在假设的需求指导下进行的，需要制订观察计划，对观察的内容、手段、步骤、范围做出具体的规定，还要对参与现场观察的人员进行培训，以收集所需的调查资料。

接触访谈法是调查者依据需求调查提纲与调查对象直接交谈，收集需求信息、资料的方法。这是一种口头交流式的调查方法。这种方法适用面广、操作灵活、信息直接，易得到支持和配合；缺点是信息的主观性强，并且处理的难度较大，还需要高水平的培训访谈人员。

根据访谈对象的数量，可以分为群体接触访谈和个别接触访谈。

4．一对多地“谈”

群体接触访谈是从培训对象中选出一部分有代表性且熟悉问题的员工作为代表。参加一对多的访问谈话。一般在访谈前，培训调查者要事先确定一个粗略的访谈提纲，但访谈的方向完全根据群体访谈对象回答，以及培训需求调查员的追问技术来决定，问题的具体措施和顺序完全要受被访谈人反应的影响。

5．一对一地“谈”

个别接触访谈是培训调查者分别访问调查对象，通过个别谈话的方式收集信息。由于培训调查者和被调查者双方是个别接触。容易建立起相互信任的关系，有利于排除干扰，减少从众心理的压力，使被调查者讲真话，使收集到的信息比较详细具体和真实可靠。

6．细从问中来

为了获取更多详细的、具体的、有意义的回答，并能揭示内在的原因，培训调查人员的提问技术十分关键。常用的提问技术有以下几种。

（1）重复提问

用同样的措辞进行提问。重复提问可以提请被问对象的注意并有效地引出答案。

（2）重复被问对象的回答

通过重复被问对象的问答，可能会刺激他们，使被问对象进一步思考，给出进一步的看法

（3）利用停顿或沉默

适当地沉默与停顿，可以暗示被问对象进一步回答，但要注意掌握好沉默的时机。

（4）利用客观或中性的评论

例如，可以使用下面的“提问语”：“还有什么其他理由吗?”“对此，能再多谈谈您的想法吗?”“除此之外，还有其他什么吗?”

（5）适当地鼓励和支援被问对象

对调查对象的回答可以使用诸如“很有意思”等鼓励话语以引起他谈话的兴致。如果被问对象要求培训调查者解释某些词汇，通常的做法是调查者应不予解释。而将问题的“皮球”再踢给被问对象：“就按您自己对他的理解谈一谈您的看法吧！”

上述访淡提问技巧，主要用于获取对问题的理解和深层了解的探索研究上。

问卷调查法是调查运用统一设计的问卷，利用书面问答的形式，向被调查员工了解情况并收集需求信息的方法。问卷调查法是培训需求调查中最常用的需求收集方法，常用于较大规模的抽样调查。调查所用的问卷是用来收集资料的一种工具，用来测量被调查员工的行为、态度和素质能力特征。问卷调查的优点是费用低，可以大规模展开，信息比较齐全；缺点是持续时间长，回收率不能得到保证，某些开放性问题得不到回答。

7．问卷前言重设计

调查问卷的前言是对调查目的、意义及有关事项的说明，它主要有两个目的：一个是引起被调查者的重视和兴趣，使他们愿意回答；另一个是为了打消被调查者的顾虑，让他们敢于回答，争取他们的支持与合作。前言的具体内容为：调查的目的、意义；匿名性和保密原则；对被调查者的希望和要求；回复问卷的时间和方法；调查实施单位或个人的身份。为了给被调查者以良好的“第一印象”，前言语气要谦虚、诚恳，文字要简洁、准确、有可读性。

【例】首先，感谢您拨冗填答这份问卷!

目前，集团培训中心正在进行一项专题研究，旨在帮助各分公司提升培训服务水平。该问卷结果仅供统计分析和研究之用，完全不涉及个人的任何隐私。请您于本周五前，完整填好下列问卷，我们将安排专人收取，十分感谢您的协助与配合。

8．主体设题明要义

不论哪一类培训需求调查问卷，在主体内容的问题设计中，都应做到 7“要”。

（1）用词要简洁

问题内容设计要少用量词、副词、形容词等修饰，力争通俗易懂。如："您是否特别愿意接受培训？"在实际工作中，许多人"愿意"接受培训，但并不"特别愿意"，选择答案时就拿不准了。用词简洁要保证语义准确。如："您是经常还是偶尔参加培训？"对于"经常""偶尔"这类副词，每个员工的理解可能就不一样。如："您每个季度能接受 2～4 次的培训吗？"员工较易理解和回答。不要用员工感到陌生的专业术语。如："您觉得我们企业的培训投资回报率，达到多少为宜？"这样提问就显得过于专业化。

（2）内容要单一

问卷中的问题不要复合混杂，要具体翔实，如"你身边的同事是否喜欢周六、周日培训？"而事实上，有可能员工中只有一部分喜欢，另一部分则不喜欢。问题不要笼统抽象，要具体。如"您觉得我们企业的培训怎么样？""您觉得××老师的课程怎么样？"这样的问题就太宽泛了。

（3）数据要准确

例如涉及被调查者的年龄时，应指明是周岁，列出："A.25 岁以下；B.26～30 岁；C.31～35 岁；D.36～40 岁。"如果是："A.25 岁以下；B.25～30 岁；C.30～35 岁；D.35～40 岁。"则选项之间出现交叉，会令员工难以选择。

（4）时间要近期

当问题的内容涉及时间时，要问近期之事，不要问时间间隔较远、难以回忆起来的事。如"您今年第一次培训在什么时候?"或者问："您最近一次接受培训是什么时候?"但不要问："自您毕业以来，共接受了多少次培训?"此类问题让人一时无法回答。

（5）选项要互斥

选择题所列项目不要出现相互包含的现象，所列的多选题要保证选项有穷尽。如"您认为这种课程最合适谁？ A.男员工；B.女员工；C.部门经理；D.客服人员。"而在现实工作中，客服人员有男也有女，部门经理中也有在客服部门任负责人的，这让员工怎么答？随便一选。结果肯定不准。选择题所列选项不能穷尽的，可加入"其他"项，不能让答题员工找不到应填的位置。如文化程度，除了中专、大学专科、大学本科外，还应包括中等技术院校、职高和大学本科以上——硕士研究生、博士研究生等。

（6）暗示要杜绝

问题不能过分强调或提前设定暗示，这样会影响答卷人回答内容的真实性。如“您愿意为利企利人的企业大学捐款吗?”对于这样的问题，被调查的员工不可能做出否定性的回答。

（7）问法要迂回

对于敏感问题要迂回设问，不要过于直露和鲁莽，不要增加其心理压力，使被调查员工在不知不觉中道出心语。如“当领导讲课枯燥时，您会不会以发短信、玩游戏来打发时间?”这样涉及上司的敏感问题，会让被调查员工很尴尬。要充分尊重答题者的个性，给予必要的理解和保护。如果你想了解××事业部的凝聚力情况，直接发问未必能得到真实的答案。但如果问“您来到××事业部感到自豪吗”或者“您的亲友是否知道您在什么单位”等问题，就可能从这一侧面了解到更真实的情况。

9．提问方式懂“开合”

在问卷调查中，问题的提问一般分为开放式和封闭式两种形式。

（1）开放式问题

例如，“您对本次主讲导师的印象如何?”（您认为主讲导师存在的主要问题是什么？）其优点是可以帮助调查人员开阔思路，发现急需调查和了解的问题。有时还能收集到一些培训调查者事先未曾预料到的问题。其缺点是被调查员工有可能填写许多与调查无关的意见，资料不标准化，难以进行定量分析。

（2）封闭式问题

例如，“假如以培训质量为标准，将我公司所有内训课分为5个等级，您认为今天的课程属于哪一等级：A.5星；B.4星；C. 3星；D.2星；E.1星。其优点是被调查者对问题的回答比较方便，答案标准化，可比性强，容易分析和处理，其缺点是容易使没有看法或不知如何回答的人猜着答，难以弄清被调查人在设计问卷时的内心真实感受。例如，“作为新员工，您是否对岗前培训感到满意？”这里所指的“满意”有不同的含义。所以，封闭式问题往往要通过数个问题，才能确定一种真实的想法。

10．问卷发放前要“预测”

设计完问卷要先进行试调查，不要贸然发出去。试调查的范围可大可小，一般在3～10人的范围内预作测试，以便确定问卷中所使用的关键词及一般概念，对被调查员工是否适用，从中可发现不足，积累经验。如果贸然发出，一旦出问题就不好处理了。

11．问卷审察时要“挑剔”

培训组织者要对回收上来的问卷进行细致的整理，挑选合乎要求的有效问卷，淘汰回答不正确、不完整的无效问卷，以提高需求调查信息的可靠性和准确性，为问卷资料的分析及最后确定培训目标奠定基础。

3.3.4 需求报告

制定培训需求报告要围绕七大要素展开，培训需求调查结束后，通过深入系统地分析，将结果以培训需求的形式呈现。一般来讲，培训需求报告包括以下 7 个方面的内容。

- 报告提要，即对报告要点的概括；
- 需求分析实施的背景；
- 开展需求分析的目的和性质；
- 概述需求分析实施的方法和流程；
- 培训需求分析的结果；
- 对分析结果的简要评析，并提供参考意见；
- 附录，包括收集和分析培训需求时，使用的相关图表、原始资料等，其目的在于鉴定收集和分析相关资料及信息所采用的方法是否合理和科学。

3.4 需求处理的实用技巧

3.4.1 不把需要当成需求

培训是主观性比较强的工作，很多情况得靠培训师的经验进行判断。要想让主观性很强的规划相对理性，培训师必须更加客观地进行分析需求。

例如，OpenID 是个蛮不错的想法，随着越来越多的网站兴起，如果用一个 ID（IDentity）可以登录各种各样的网站，对用户来说确实会方便很多。但对于很多企业网站来说，它原来的用户注册登录体系是正常运转的，并没有因为接入 OpenID 在商业上带来什么价值，觉得做和不做都差不多，导致没有动力去投入，所以 OpenID 一直未能得到推进。

但随着 Facebook、Twitter 的 ID 开放，一夜之间国外很多网站开始支持用这两个网站的账号登录。国内则是大量的网站支持使用新浪微博、微信和 QQ 账号登录，这貌似也实现了 OpenID 的本意。但两者一个很大的区别是：大多数企业网站开放登录方式，主要是通过降低用户注册和使用的成本来获得一定的利益，满足用户方便登录仅仅是其次的。

再来看一个例子。很多人希望利用碎片时间娱乐一下，如果有一款好玩的游戏可以让人在放松的同时又能享受游戏的乐趣，即使要为此付出一点点成本，那也是会很受欢迎的。2011 年，在 iTunes Rewind 和 App Store 榜单上，游戏“愤怒的小鸟”成了最大赢家，让这款游戏的开发者狠狠地赚了一笔。

为什么这款游戏会如此热销呢？我觉得在游戏好玩的基础上还有一个因素，那就是消费者需要付出的成本只是一点点，我们来看一下它的售价是 0.99 美元，如果把它改为 9.9 美元又会怎样呢？结果可能会大不一样，这个价格可能超出了人们的预期，这个时候人们也许就会选择其他的游戏来替代，这样一来这款游戏的购买力就形成不了，也构建不了需求。

需求是客观的，是建立在一定对等的价值满足前提下的。而需要更多的是：对客观需求的一种主观印象，一种主观意识。认清了这些以后，我们就可以更好地开始培训工作了。

3.4.2 关注背景条件

背景分析其实是一种关联性思考，强调的是不要只是单独地看待一个问题，更要结合相关联的因素进行思考，这样有助于我们提高对事物的客观认识。

很多人看待成功仅仅是看待结果。郑成功一生抗清驱荷，以赶走荷兰殖民主义者、收复祖国领土宝岛台湾的业绩载入史册，海峡两岸均立像树碑加以纪念。但他之所以能收复台湾，他的父亲郑芝龙也是大家应该要了解的非常传奇的一个人物。郑芝龙仕任海疆将官，专制海滨，垄断海外贸易，富可敌国。当年郑成功收复台湾还是仰仗了其父亲郑芝龙给他打下的海王霸业。所以我们在分析事物的时候，多了解其后的背景，有助于更客观地认识事物。

新浪微博之所以成功，很大程度上是因为新浪是一个媒体。从 2005 年运营博客产品以来，新浪积累了大量的名人资源，它以名人效应为切入点和草根阶级建立起了良好的互动。除此之外，新浪在前期微博推广的时候，把流量大量地导给了微博（现在腾讯微博同样在用这个做法），促进其产品用户快速发展。

新浪具有先天媒体的优势，对内容的尺度把握得非常好，通过微博这个平台，草根阶层可以和政府对话。所以得到了众多认可。可见，中国式 Twitter 的成功，是需要有很大的背景和前提条件的。

如今的电子商务领域中，淘宝扮演着举足轻重的角色，不过从它的发展来看，似乎是无心插柳柳成荫。2005 年，eBay 的 C2C 实力在全球电子商务网站中无人可以比肩。阿里巴巴的 B2B 网站也已在全球做到领先水平。原本两家网站各有各的阵地，但 eBay 与易趣的联姻打破了这个阵营。淘宝的诞生，其实是阿里巴巴为防范 eBay 向 B2B 战场拓展而采取的先发制人的战略，后来想不到发展成为 C2C、B2C、O2O 的航空母舰。

很多人在分析产品的时候总是会说淘宝怎么样、京东怎么样、亚马逊怎么样。大家看到的客观结果都是没错的，但需要我们更多的思考“这些产品都是在什么背景下发生的”，这点非常重要。

3.4.3 不把培训形态当成本质

事物在发展、变化中所表现的外部形态是不一样的，有可能今天这样，明天又成那样了。但不管现象如何变化，本质的东西其实是不变的。我们在思考问题时也要通过现象看本质，要学会抓住变化中相对不变的那些内容。

从某种意义上讲，百度贴吧、开心网、微博、知乎都算是 SNS（Social Networking Services）网站。在 2008 年之前，很多产品经理在提到做社区时自然想到的是做成论坛形式，可在 2008 年以后，提到做社区可能会想做成 Facebook 形式的，如今提到做社区很多产品经理会想到做成微博形式的。

可是，如果产品经理简单地把 SNS 网站等同于论坛、Facebook、微博等产品形态那就彻底错了。因为外延的形态是很容易复制或照搬的，但如果不理解社会性网络服务的内涵，很难运作起来。所以，培训师需要在本质上对培训的特征和优势、对关系链的建立和扩散、核心价值的提供有深入的思考。

3.4.4 学会看懂课程内容

我们经常看到，很多培训师在课堂上也会用到一些经典的教学方法。例如，案例教学法、游戏互动法、图表演示法等，但是，学员听后仍感觉印象不深刻。细细分析原因，就会发现，他们基本上是属于“拿着螺丝刀当扳子用”的类型。因为，他们不知道自己所使用的教学方法是否和内容相适应。

在实际的培训过程中，并不是说一种教学方法能适合所有的教学内容。每种课程内容都有其最佳的表现形式，如果你不知道什么是最佳的表现形式，在该用案例法的时候用了讲解法，该用讲解法时用了演示法，那么，你就达不到最佳的教学效果。

我们认为讲管理，案例法是最好的，你用一个定理来说明，不如用案例表达来得好。但如果搭配不当，同样对课程有负面影响。

培训就是要通过最合适的方法让学员感知、理解、提升、运用，达到最佳的效果。在实践中，让人感知，就用讲授法、研讨法、演示法；让人理解，就用讲授法、游戏法、研讨法；要让人在理解的基础上进一步提升，就可以选择案例法、研讨法或者讲授法；让人在实际中运用，可以选择扮演法或者教练法等。

对于学员来说，使用不同的学习方法，他们所能接受到的知识和对知识的掌握程度是完全不一样的。关于学习效果的保持率，有一个学习金字塔的规律，即在学习中学员实际操作得越多，则学习保持率会越高。

3.4.5 回到初衷

企业在选择培训课程和培训类型时，会首要考虑性价比的问题。企业培训成本经常比较高、包括经济成本、时间成本、精力成本和机会成本，而培训后效果不可预期，难以衡量，因而要关注对培训的投入与产出比。

- 零散需求，公开课

企业个别的培训需求尚不能形成一定的内训规模时，可以要求外部培训机构提供可满足需求的相关课程资料，通过参加公开课的方式解决这个问题，为企业节省费用并降低机会成本。

● 采购之前，先听课

在与外部培训机构合作之前，应尽可能要求对方提供免费的名额。企业讲师或相关负责人去现场旁听考查，这样能够发现对企业有价值的课程，对效果理想的课程可以引入企业内训。同时，在接触中可以向外部培训机构学习怎么做调查、怎么做计划、如何实施、如何评估等。

● 多元需求，热点课

企业的需求往往是多元化的，特别是企业领导者，有时候会强调营销、人力资源管理、税收筹划等技巧方面的培训，有时候会强调企业文化、员工思维拓展、行业发展趋势等方面的培训，还有时会侧重对一些新的法规和政策方面的培训等。企业讲师或培训负责人应根据事情的重要和紧急程度，有针对性地选择“热点”培训内容。

另外，不同类型和规模的企业，在不同的发展阶段选择培训时关注的内容也不一样。

● 初创企业，技术课

企业在初创期，往往可能更多关注技巧和专业领域的课程。例如，初创期企业为了适应日趋激烈的市场竞争，要更加主动、积极地开拓市场，解决生存问题，所以对营销人员的营销技巧培训，对于提高业绩是非常重要的。

● 成熟企业，素能课

随着企业的实力和规模发展，会逐渐增强对企业文化、理念方面的认同，进而在态度、道德、诚信、思维创新、个人修炼等方面进行不同层面的训练。

● 中小企业，预防课

对于一些中小企业，会更多选择商学院的教师或咨询顾问进行培训，或就企业出现的问题进行培训解决，经常是快要出问题或出现问题后才着手实施。

● 大型企业，定制课

而一些大型企业和外资企业一般都具有系统的培训规划，会定期就某些领域聘请业内知名的培训师进行培训，而且采取不同方式的培训，如情景练习，户外拓展训练、沙盘模拟等，通过体验式培训提升员工的团队精神和实际解决问题的能力。

4 从讲师到专家，设计卓越课程

4.1 认识培训课程

4.1.1 什么是培训课程

培训课程是为实现培训目标而选择的培训内容的总和，与教育的学科课程相比，其功利性非常突出。

- 课程基点：要求基于企业的现实需要和学员的成人差异性。
- 课程目标：要求能够尽量在短期内转化为工作绩效。
- 课程内容：更多是跨学科的内容组合，根据培训目标进行针对性地选择。
- 课程执行：要求遵循成人的认知规律，更多采用参与式、体验式的培训方法。
- 课程评价：一要评价培训“过程”的质量，即学员对培训内容的接受程度；二要评价培训“结果”的质量，即培训内容转化为工作绩效的程度。评价方式有课程考试、培训效果调查。

4.1.2 课程设计做什么

对于职业培训师来说，给自己的课程设计一份有说服力的计划书是十分重要的。毕竟，在竞争激烈的市场环境中，“吆喝”自己的优势和长处是使自己脱颖而出的重要手段，一门优秀的课程有一份独特的具有说服力的课程计划书，无疑是让客户更好地了解自身水平和课程内容的良好途径。

如何编写令人信服的计划书呢？方法其实很简单，走到客户中仔细倾听他们的意见，梳理出其中最重要的一个部分，然后有针对性地去做计划书，以满足客户的需求作为我们做计划书的目的。用客户听得懂的语言去描述我们的计划书是获得客户信任的基础，在实践中，一些培训师往往自以为是，似乎文字越深奥，越显得培训师有水平，结果客户看不懂，效果适得其反，计划书归于失败。

不要把计划书搞得神乎其神，其实计划书就是一份陈述文件，说明谁会在什么时候做什么工作，做到什么程度。所以在编写计划书的时候我们要遵循下列步骤。

第一，在制订计划书之前，先要大量收集客户信息，保证自己对客户有足够的了解。

第二，列出一份提纲，方便客户对此有一个更清楚、直观的了解。培训计划书的提纲，一般包括以下内容：目的陈述、现实情况、建议培训内容、时间安排、达到的目的、评估学员的收获、培训师的资历以及完成该培训计划需要的投资。当然，每个培训师的情况不同，最好是根据自己的情况来设计一份提纲，这样，针对性更强。

第三，计划书的内容要以客户的需求为出发点，语言简明准确，概括性强。

第四，仔细检查拟好的计划书。看看里面是否有表述和理解上的错误及错别字等；计划书的打印用纸要用高质量的，必要的附件一并附上，然后设计好独特的封面和文件夹，最后请专人递送。

● 培训课程设计的基本点

培训课程设计的主要原则是要符合成人学习的知识规律。培训课程设计的本质目标是为了进行人力资源开发。培训是人力资源开发 3 个主要组成部分之一，这 3 个组成部分是职业开发、培训与组织发展。

● 培训课程设计的要素

课程目标——根据环境的需要而定。

课程内容——以实现课程目标为出发点去选择并组合。

课程模式——有效体现课程内容，采用配套的组织与教学方法。

课程策略——教学程序的选择，教学资源的利用。

课程评价——对课程目标与实施效果的评价。

教材——切合学员实际，提供足够信息。

学习者——学习背景与学习能力。

执行者——理解课程设计思想的主持人与教师。

时间——短、平、快。要求充分利用。

空间——可超越教室的空间概念。

● 培训课程的设计程序

基本程序是：从需求的调查与分析出发，明确课程目标，根据目标要求，进行课程设计。包括：安排课程内容、确定教学模式、组织课程执行者、准备培训教材，选择课程策略，作为课程评价方案，预设分组计划、分配时间。

初步设计完成之后，要进行论证，确定可行因素，否定不可行的部分。如果是一个多次执行的课程，每一次执行效果的评价要反馈到下一次的设计，作为一个环境的需求因素去考虑。

在基本程序确定之后，如何实施设计却无一定之规。一个好的课程设计，一定要用系统思想来作为指导，这是我们培训课程设计的本质所在。

4.2 课程设计的基本步骤

对一名培训师来说，课程设计是非常重要的。培训师的“编剧”工作和大部分的“导演”工作更多的是在后台进行的，当学员演练时，培训师退到旁边，对学员进行点评指导。这时师生之间就是“导”和“演”的关系。学员上来演练，培训师来点评和指导，这就是“前台”和“后台”的区分。

我们发现针对不同行业的培训师来说，台前和幕后的功力是不同的。就像海上的冰山，人们能看到的是海面上冰山有限的高度，但海面下的冰山却体形庞大。

我们现在要讲的就是“冰山”下的部分——课程的设计与开发。

企业培训师就像一个普通的演员，那么，普通的演员怎么样能成为明星呢？最便捷的途径就是演一个好剧本。同样，一名培训师想要成为明星培训师，要把工夫下到“剧本”上。“工夫在场外”，场外是指什么？是指培训师的课程开发能力，通过场外的努力来支持前台的表达和掌控。

一般来讲，课程开发的流程，从开始到结束，包括了课题把握、素材收集、讲义编写、预先演练四大部分。

4.2.1 内容与数据

课程要把握内容与数据，把内容与对象界定清楚，课程的立题，一般都要保证有特定的对象加上特定的内容，即内容与对象的交集，这样才比较醒目。在学校里曾经听过《管理学》《市场营销学》这样的课题。这不是培训课程，这是大学里的课程，因为它没有聚焦培训对象，规范的课题如《营销精英的 16 项习惯》等，营销精英是指培训对象，16 项习惯是指培训内容。这样的题目才会有指向、才便于聚焦。课程主题必须将课程内容和对象界定清楚，作为新培训师首先一定要做到这点。只有课题确定了，才能进一步地整理内容。

4.2.2 教材收集

培训师收集好的素材，并与内容形成最优组合，培训课程素材的收集和选用必须根据培训目标来定，要将素材有机地融进培训内容，使两者达到最优化组合。

1．素材收集的 4 条路径

围绕课题，培训师会收集一些素材资料。一般来讲，到哪里收集资料会更好呢？

（1）互联网

随着社会信息化的不断发展，我们更多的信息来源都是互联网，当你在搜索引擎上输入行业和专业的关键词时，会有海量的信息出现，所以获得素材最便捷的办法就是通过互联网。但是，互联网上复制下来的资料只能作为参考，不能作为知识点。因为互联网上的资料，你能复制，别人也能复制。如果培训师还拿互联网上的资料当新知识，根本“卖”不出“价格”，互联网上的素材只能验证课程的初步逻辑，来确定概念的正确与否。

（2）行业专著

每个行业都有权威人物，他们写的专著可以成为培训资料的来源。搞服务的必须看诺曼的《服务管理》，搞营销的一定要看菲利普·科特勒的《市场营销》，这些专著的内容可能很难有什么亮点，但它为你的课程提供了理论的支撑。

（3）专业期刊

最好的资料收集地就是专业性的期刊，上面都是最新鲜的经验，如《哈佛商业评论》，几乎世界上所有的先进理论都刊载在里面。如果能把上面的管理理念运用到课程中来，那么很多学员都会觉得课程内容很前沿。

（4）行业咨询报告

想为学员提供最准确详尽的数据资料，可以借助行业顾问机构调查、研究的结果。例如，金融业、培训业、餐饮业、美容业等，每年都有专门的分析报告，分析行业发展趋势、存在的问题及国家的政策导向。通过相应的平台，整合顾问机构资源，实现互助共享是个不错的选择。

2．资料选择的“两功四性”

资料收集得再多，分析整理都要面对选择的问题，什么能用，什么能不用呢?素材的选用应遵循以下原则。

（1）静功

培训师要清晰明确地知道课程的主题，主题是静止不变的，是永恒的，要围绕主线抓素材。

（2）动功

如果首次接触到的素材不能打动你，那么就要果断放弃。因为不能打动你，同样也很难打动学员。

（3）素材的鲜活性

课程引用的素材要保证有时效性、内容鲜活等特点，要具有说服力与表现力。重点结论、重点数据不宜超过 3 年，确保反映最新动态与变化，因为知识也是有“保鲜期”的。

（4）取舍的严谨性

不能用自我想象的内容来充当资料，要舍弃道听途说来的信息，要确保资料来源的可靠性，坚持选择具有客观性、真实性和完整性的素材和内容。资料要服从课程设计架构，杜绝主次不分、杂乱无章的现象，要保持知识逻辑体系的严谨，表现手法要科学、周密。

（5）组合的针对性

“精能胜多”，素材的组合不能追求多多益善，要做到“以一代十”。围绕课程目标组合素材，切忌追求表面上的新解花哨、动感等效果，那样形式就会大于内容，丧失素材组合的典型性、针对性。

（6）风格的系统性

素材进入课件，表现方式要给人以美感。选用的文字、图像要有系统性。收集视频文件、动漫、图片时，要保持与课件风格有机统一。

4.2.3 讲义编写

课程讲义时要求原则到位，并形成逻辑之美，优秀的课程讲义往往具有结构化的框架，结构的逻辑之美始于原则到位。

1．优化结构的“三足鼎立”

讲义结构优化要做到 3 个原则，即服务原则、关联原则、有序原则。

（1）服务原则

是指在课程大纲的写作编排中，要实现大纲服务于课题，章节服务于大纲，演练、讨论服务于章节，要明晰所有的材料都是指向一个核心的。

（2）关联原则

是指条目与条目之间，要有明晰的关联衔接，特别是讲义内容有若干个要点时，必须明确要点之间的匹配关系。

（3）有序原则

是指在课程脉络、大纲的指导下，有序地组织辅助材料来丰富课程骨架、补充对重点内容的说明。

2．讲义设计的“五线谱”

通过 5 个主要模块的设计，来聚焦讲义内容（见表 4-1）。

表 4-1　讲义设计的“五线谱”

When	What	How	Whom	Why
8:30～9:30	公司的现状与愿景	讲授/演示法	投影仪	具体感知
9:45～10:45	员工的使命	讲授法	投影仪	思考解析
11:00～12:00	我为什么选择本公司	研讨法	白板/纸笔	感知与感动
午餐、午休				
13:00～14:00	优秀员工的成功之道	案例法	随堂讲义	感知与解析
14:15～15:15	公司的组织与制度	讲授法	投影仪	感知与理解
15:30～16:30	新员工的职业规划	游戏法	白板/纸笔	引发行动

（1）W1 线（when）

培训师首次上台，感到最恐怖的事就是讲不够时间，所以讲义设计时要在第一列，标明讲解内容的起止时间，它可以很好地掌控课程的进度。

（2）W2 线（what）

向学员传授的知识或技巧，标记的内容不宜太多，可以用条目或标题来注明，起到清晰思路的作用即可。

（3）W3 线（how）

在讲课的过程中，怎样讲授知识内容，利用哪些培训技巧、方法。

（4）W4 线（whom）

课程中，哪些助教需要用哪些设备（施）、道具等。

（5）W5 线（why）

为什么要采取某种方法来讲解某个内容，培训师不能只基于自己的习惯，要对于运用某种授课技巧讲解内容会达成什么目的，做到心中有数。

我们可以以某企业的《高层管理者执行力》课程为例（原讲义大纲（3 课时）。

导论：高效执行力的 4 要素

0.1　执行的要诀

0.2　执行力 4 要素

1．锁定少而精的执行目标

1.1　宣示进攻计划

1.1.1　宣示计划 5 要诀

1.1.2　进攻准备 4 要领

1.2　业务经理的管理说服 7 式

1.2.1　利害诱导式

1.2.2　意念渗透式

1.2.3　情境示范式

1.2.4　缓冲说服式

1.2.5　间接通道式

1.2.6　快速细节式

1.2.7　反转说服式

2．打造高度负责的铁军

2.1　优秀执行团队素能模型

2.1.1　执行团队的人才特质

2.1.2　不完美的个人与完美的团队

2.2　职业军团 7 步训练法

2.2.1　选择：选择比努力更重要

2.2.2　预热：训练的第一步是激活

2.2.3　传授：良师皆为严师

2.2.4　模拟：操场之汗，战场之血

2.2.5 校正：个体因系统而变

2.2.6 习惯：能力是银，习惯是金

2.2.7 创新：最好的执行是创新

3．激发执行团队的斗志

3.1 引领团队的标杆管理法

3.1.1 在多个单点上找到高度

3.1.2 以多点高度构成面的完美

3.1.3 让正向行为在群体中固化

3.2 点击员工的心理“热健”

3.2.1 占有欲占主导的员工

3.2.2 控制欲占主导的员工

3.2.3 表现欲占主导的员工

3.2.4 安全感占主导的员工

4．建立令行禁止的军规

4.1 职场的执行潜规则

4.1.1 业绩自动折旧

4.1.2 勿与组织为敌

4.1.3 只能与庄共舞

4.1.4 企业也有性格

4.2 执行文化培育 4 步

4.2.1 植入期：耳濡目染

4.2.2 成长期：心领神会

4.2.3 结果期：身体力行

4.2.4 再生期：言传身教

《高层管理者执行力》讲义“五线谱”（3 课时）（见表 4-2）。

表 4-2 《高层管理者执行力》“五线谱”

When	What		How	Whom	Why
09:00～09:05	导入		讲授法	投影仪	具体感知
09:06～09:07	导论	0.1 执行的要诀	讲授法	投影仪	具体感知
09:08～09:10		0.2 执行力 4 要素	讲授法	投影仪	思考解析

续表

When	What		How	Whom	Why
09:11～09:15	1.1	1.1.1 宣示计划 5 要诀	讲授、研讨	白板/纸笔	思考解析
09:16～09:20		1.1.2 进攻准备 4 要领	讲授、研讨	白板/纸笔	概念升华
09:21～09:23	1.2	1.2.1 利害诱导式	讲授法	投影仪	具体感知
09:24～09:29		1.2.2 意念渗透式	研讨法	随堂讲义	思考解析
09:30～09:35		1.2.3 情境示范式	角色扮演	随堂讲义	积极实验
09:36～09:45		1.2.4 缓冲说服式	案例法	随堂讲义	积极实验
09:46～09:48		1.2.5 间接通道式	讲授法	投影仪	思考解析
09:49～09:59		1.2.6 快速细节式	案例法	随堂讲义	概念升华
10:00～10:10		1.2.7 反转说服式	角色扮演	随堂讲义	积极实验
10:11～10:13	2.1	2.1.1 执行团队的人才特质	讲授法	投影仪	具体感知
10:14～10:20		2.1.2 不完美的个人与完美的团队	讲授、研讨	白板/纸笔	解析、理解
10:21～10:23	2.2	2.2.1 选择：选择比努力更重要	讲授法	投影仪	具体感知
10:24～10:26		2.2.2 预热：训练的第一步是激活	讲授法	投影仪	思考解析
10:27～10:29		2.2.3 传授：良师皆为严师	讲授法	投影仪	概念升华
10:30～10:39		课休			
10:40～10:55		2.2.4 模拟：操场之汗，战场之血	游戏法	白板/纸笔	积极实验
10:56～11:05		2.2.5 校正：个人因系统而变	角色扮演	白板/纸笔	积极实验
11:06～11:08		2.2.6 习惯：能力是银，习惯是金	讲授法	投影仪	思考解析
11:09～11:10		2.2.7 创新：最好的执行是创新	讲授法	投影仪	概念升华
11:11～11:13	3.1	3.1.1 在多个单点上找到高度	讲授法	投影仪	具体感知
11:14～11:16		3.1.2 以多点高度构成面的完美	讲授法	投影仪	思考解析
11:17～11:22		3.1.3 让正向行为在群体中固化	研讨法	白板/纸笔	概念升华
11:23～11:25	3.2	3.2.1 占有欲占主导的员工	讲授法	投影仪	具体感知
11:26～11:28		3.2.2 控制欲占主导的员工	讲授法	投影仪	具体感知
11:29～11:31		3.2.3 表现欲占主导的员工	讲授法	投影仪	具体感知
11:32～11:34		3.2.4 安全感占主导的员工	讲授法	投影仪	具体感知
11:35～11:37	4.1	4.1.1 业绩自动折旧	讲授法	投影仪	具体感知
11:38～11:40		4.1.2 勿与组织为敌	讲授法	投影仪	思考解析
11:41～11:45		4.1.3 只能与庄共舞	研讨法	白板/纸笔	概念升华
11:46～11:48		4.1.4 企业也有性格	讲授法	投影仪	概念升华
11:49～11:51	4.2	4.2.1 植入期：耳濡目染	讲授法	投影仪	具体感知
11:52～11:54		4.2.2 成长期：心领神会	讲授法	投影仪	思考解析
11:55～11:57		4.2.3 结果期：身体力行	讲授法	投影仪	概念升华
11:58～12:08		4.2.4 再生期：言传身教	案例法	白板/纸笔	引发行动
12:09～12:10	收结		讲授法	投影仪	引发行动

3. 案例设计 6 要素

培训案例的编写，重点在于分析问题、解决问题，通过分析案例，激活企业学员的兴趣，启发学员多元化的思考，引导学员找到解决问题的方案。

培训案例从形式上来讲，可分为口述案例、图文案例、多媒体案例。设计一个成功的案例，就好像给人穿衣戴帽一样，要从以下 6 个要素入手。

（1）题冠

就是案例的主题或者案例事件的标题，可以直接表明事件的关键词。培训师为增加案例对学员的吸引力，也可以用疑问句作为题眼，如“该不该开除他?”

（2）里衬

即对事件的背景描述，一般不宜过多地铺垫背景，这样会分散学员对核心问题的关注，增加培训师解析和引导学员的难度。口述案例背景，描述条件前提不宜超过 1 条；图文案例，背景描述不宜超过 300 字，多媒体案例背景描述时长不宜超过 1 分钟。

（3）包袱

即案例中的设疑。疑问是激发学员好奇心的法宝，案例中的包袱，是为学员找到解决问题方案提供思路的。培训中经常采取事件要素缺失、冲突、矛盾等手法来进行设疑。一般来讲，疑问的数量与疑问对学员思路的干扰度成正比，所以，我们要强调的是，包袱的设计不是为了难住学员，而是为了督促学员去思考、争论和研讨，不要出现过犹不及的现象。

（4）馅儿

即对案例的解释和引导。这对于学员来讲是非常重要的。课堂时间有限，培训师不可能让学员长时间进行自我摸索，特别是在学员偏题的情况下，培训师给予一定的提示和建议是十分必要的，这样会使课堂时间的利用更高效。案例的解释和引导经常出现在事件展示后、学员研讨前。

（5）底儿

是指案例解决方案。当然，案例解决方案一般不唯一，特别是管理类案例，答案往往是多解的。培训师的解决方案与学员的解决方案往往不重合或者只是局部重合，所以为了提高学员对培训师的信服度，往往你的“底儿”要技高一筹。培训师之所以成为学员的“师”，不是因为你比学员懂得多，而是站得高、解得深、懂得精。

（6）招儿

案例实施的过程和步骤，特别是复合式案例的设计，通常做法是先使用口述，再播放多媒体，最后使用图文。

4．课程推介单设计

课程推介单就是培训项目的平面“广告片”，既是企业内部传播培训信息的载体，又是吸引目标学员了解并参与培训活动的工具。主要包含以下 6 个设计要素。

（1）项目标题

标题分主标题和副标题之分，一般主题表述要简洁清晰，控制在 1 句话 12 个字以内，如《黑马特训营》等。副标题表述要方便学员明晰培训方向，如“×××事业部后备干部管理培训”等。

（2）目标对象

明确培训项目的目标对象群体，方便目标学员进行自我归类，增加培训项目的针对性。

（3）内容纲要

对培训项目进行概括性说明，如果培训项目以课堂讲授为主要形式，那么要明晰核心内容和要解决的问题。明确课程目录，一般最少要呈现二级目录。

【例】

1．一线管理沟通 8 项基础

核心内容：一线管理沟通的基本原理与方法。

主要解决：一线管理与沟通是什么关系？是什么影响了我们的沟通？如何打动人心？如何倾听才更清楚？如何表达才更明白？沟通中有哪些基本路径？沟通中的关键点与关键线是什么？如何成为通情达理的领导者？

1.1　理念：教导就是沟通

1.2　起点：沟通从心开始

1.3　常见 9 种沟通错误解析

案例：建立沟通平台

1.4　员工行为密码图

1.5　员工的 4 种基本行为

1.6　职场沟通四大心理热键

1.7 完美沟通“五线谱”

1.8 解读人心从倾听起步

2. 现场表达技法

核心内容：一线员工教与学的基本分类与方法。

主要解决：一线管理与导师带徒弟的重点是什么？什么样的教学方法能使不同类型的学员快速掌握师傅传授的技术？如何让徒弟对讲述内容更感兴趣？现场教学中有哪些基本技法？

2.1 对成人学习特点的把握

2.2 课堂提问技巧

2.3 课堂应答技巧

2.4 体验式教学

2.5 启发式教学

2.6 互动式教学

2.7 沙盘式教学

3. 结构化表达技法

核心内容：一线员工结构化表达技法。

主要解决：5 种意群表达法的重点是什么？

3.1 时空意群表达法

3.2 因果意群表达法

3.3 题解意群表达法

3.4 对比意群表达法

3.5 递进意群表达法

（4）教学方法

表明课程的教学技法与方式，旨在引起学员兴趣的同时，方便他们开展训前准备。例如，讲授研讨、案例分析、工具应用相结合。

（5）起止时间

是指培训项目开始起到结束止的时长，避免出现上（下）午或一天等类似的词语，如×月×日 9:00 报到。培训与日常工作不同，一般全天培训不宜超过 7 小时，特别是企业内部的脱产培训，要尽可能做到劳逸结合，保证培训效果。

（6）报名事项

如包括联络部门、负责人员、通信方式、报名时间（含截止时间）、住宿费用的说明，避免造成拟报名学员的不便。如培训项目没有参训对象限制，可自发报名，但要控制参训学员的规模。

4.2.4 预先演练

培训师课程的初步研发完毕后，要进行上台前的试讲演练。在试讲演练中，要脱稿进入角色，忘掉讲义上的文字，不要留背诵的痕迹，现场自然发挥才可能讲得好，丢掉讲稿，进入角色。西方培训界有这样一句话:“当文字死亡的时候，语言才能生存。”在试讲演练方式上，不要个人对着镜子讲，那样很难发现问题。培训师要借助有经验的、高水平的企业内部师资资源，这样才能实现刷新内容、升级课程的目的。

● 时间的控制

作为企业培训师，1 页 PPT 的授课时间要以 10 分钟左右为限，1 个小时可以讲 5～7 页的 PPT。如果是半天的培训课程，那么以 16～20 页之间较为适合。我们曾经接触过这样一名企业培训师，1 天 6 小时的课程。讲了 140 多页的 PPT。结果每 2～3 分钟就要翻页，把学员累坏了，还得一个劲地记笔记。下课以后，学员的感受是人困手累、乱七八糟。教训是惨痛的，这位培训师受累不讨好，整个 1 天的课程不是在讲，而是在浏览，能不给人乱七八糟的感觉吗?

● 答疑的设置

课程中如果需要通过答疑，来检测学员学习成果，那么答疑的时间，一般不安排在所有内容讲授完毕之后。因为一旦没人提问，课程内容又结束了，下课时间又没到，会影响到课程效果和课堂秩序。如果 3 小时的课程，培训师进行 2 小时 40 分钟的讲授，需要有 20 分钟的答疑时间。那么，在预先演练中应该这样做准备：授课 2 小时后，开始答疑。没有学员提问，就将剩余的课程内容在剩余的时间内讲授完成。当然，这就涉及弹性备课的问题了。

● 弹性备课

预先演练是要准备弹性的课程，一个专题本来只用一个案例说明就够了，那么再储备 1～2 个案例会更保险。假如在讲课中培训师发现，从一开始时间掌控就有问题，那么就把第二、第三个案例加上，这样就把时间拉长到和计划一致了。假如没准备更多的案例，那么就把学员的讨论引向深入。学员的研讨、演练可以作为像案例一样的备用资源加进课程中。除此之外，让学员谈体会，为学员做回顾、做总结，也可以拉长课程时间。所以说，备课往往要“倍课”，3 小时的课按 9 小时准备、演练。

4.3 课程设计的三大能力

4.3.1 概念设计

概念设计主要从课程导入的标准程式；4 种导入抓住学员的心；课程导入不能犯的 4 个错误；登台亮相，一鸣惊人这 4 个段式讲解。

“凤头、猪肚、豹尾”，这是对好文章的评价。好文章开头要美丽、漂亮吸引人，好像凤凰的头一样，虽然小，但是五彩缤纷，足够吸引眼球。好课程如同好文章，课程导入的关键就在于吸引，强烈地吸引学员，引发学员的学习兴趣。

失败的导入会使学员分心并产生隔膜，使培训师再也抓不住他们的心思。而迈出正确的第一步，对于培训师的自信心的养成也很重要。还有什么比看到学员的脸庞开始显现出饶有兴趣、集中注意力并露出开心笑容的样子更让人快乐的事情呢?

任何一次培训最困难的部分都是导入，90%以上的课程“事故”，都出在课程导入部分。如果课程导入没有出问题，那么接下来就会平稳得多。所以，好的开头能为培训师注入极大的信心。

1. 课程导入的标准程式

课程导入的主要目的，是引起兴趣、建立信任、切入主题。那么，课程导入的标准程式是什么样的呢?

● 问候学员

【例】各位同仁，大家上午好!

● 自我介绍

【例】我是××集团公司培训中心的××，今天分享的题目是《高层管理者顾问式管理》。

● 建立信任

【例】我是2003年进入集团公司的，2005年考取了企业培训师的资格，同年在省级刊物上登载了《××行业顾问式管理》一文，受到了专业人士的认可和肯定。

● 预告收益

【例】30年来，有300多家企业运用顾问式管理提升了企业绩效，有效率达100%，满意度达90%以上。

● 预告内容

【例】这门课程需要用3天时间，解决3个方面的问题：基本的理论模型、24种实用方法、12个常见管理问题解决案例。现在，我们进入第一部分：《高层管理者管理创新与顾问式管理模型》。

"除非能够立即调动起听众的兴趣，否则表达人就会失败"这是大律师克拉伦斯·达罗说的话。不管企业培训师的职级有多么高，也不管课程内容有多么重要，如果不能够使学员立即产生兴趣，一定会失去学员。其实，除标准程式的课程导入外，还有更多的方法可以使用，下面就和大家分享一些经典的技巧。

2．4种导入抓住学员的心

● 悬念导入，钩住学员的好奇心

让学员产生初步的兴趣很容易，可以用悬念导入，让悬念一下子抓住学员的心，引发他们进行思考，之后培训师再给出答案。

> 马拉多纳率阿根廷足球队夺得1986年世界杯冠军的第二年，一个男孩在阿根廷的一个普通人家呱呱落地。
>
> 少年时期，他便展现出过人的足球天赋。因为他的场球风格颇像球王马拉多纳，不久就被人们称为"马拉多纳转世"。阿根廷人对他寄予厚望，媒体甚至破天荒地专门辟出版面报道他："难得的天才，天才就是这样！"
>
> 然而，命运在他11岁那年发生了剧变——他的身高固定在1.27米，远低于同龄人。身体检查的结果令人崩溃，他患有发育荷尔蒙缺乏症，一种罕见的非遗传性先天疾病，会阻碍骨骼生长。如果要想让他正常发育，必须每天注射成长激素，整个疗程需要3～6年，费用昂贵。
>
> 于是，父亲找到俱乐部老板，求他出手相助。老板说："俱乐部的经营状况很不理想，不可能投入一大笔钱放在一个孩子身上。"

“可他是个天才！”父亲喊道。

老板笑道：“阿根廷最不缺的就是足球天才，你们还是另谋出路吧！”

那天夜里，父亲来到他的床头，问他：“你还想继续踢球吗?”他点头。

父亲沉思良久，最终决定，为了儿子的足球梦，把他送到西班牙寻求解决之道。临走之前，父亲送了他一句话，这句话如钉子般打在他的心里，刻骨难忘。

巴塞罗那的一家俱乐部同意收留他，并帮助他解决医疗费用。在新的环境里，他仿佛脱胎换骨，训练刻苦，不惧伤痛，意志力强。在不乏天才的巴塞罗那青训营，很快脱颖而出。

2005 年，第 15 届世青赛拉开战幕，他代表阿根廷出战。最终，他率领阿根廷队夺得冠军，自己也被评为“世青赛最佳球员”，“金童”“天才”“未来球王”等赞誉接踵而来。

有人问他，你最在意哪一句评价，他说：“最在意父亲说过的一句话。”

“哪一句话?”他却笑而不答。

2009 年 12 月，23 岁的他一举摘得欧洲金球奖，成为阿根廷历史上获得该奖的第一人；同月，他登上了足球运动员的最高峰——成为“世界足球先生”。

他就是当今世界足坛最炙手可热的巨星——梅西。获得“世界足球先生”荣誉后不久，在接受采访时他说出了那句让他受益终生的话：“那是我来西班牙的前一天，父亲郑重地告诉我：‘孩子，从此你不再是个天才了。接下来的路，我不想再有人把你捧上天，但希望你能够放低姿态，靠拼搏和汗水一步步地攀上天。’”

梅西父亲的话，作为“扣子”一直保留在最后，学员为了想知道答案，会一直保持着注意力，就这样“随风潜入夜，润物细无声”地导入，你的悬念带着他们进入课程的主体。

● 数据导入，说服你接受主张

用一些理性的数据，把学员的眼球吸引住。很多时候数据导入，会提高学员的接受度。

【例】我们企业的业绩额有了大幅的提升，但这并不意味着我们的竞争力提升了。

这样讲课就特别没劲，没有人会提起兴趣的。但是如果使用一些数据导入，效果就会不同。

据我所知，1840 年中国的 GDP 占全世界的 1/3，而英国 GDP 只占世界的 5%，我们是他们的 6 倍还多；当时中国军队有 100 多万，进入虎门的英国远征军只有 4 000 人，为什么我们还要签订《南京条约》？

如今，美国的 GDP 占世界的 1/3 却能称霸世界。为什么 1840 年中国的 GDP 占世界 1/3 的时候不是强国？

这就要看 GDP 是由什么构成的，不能光看 GDP 的数量。

当前，美国 GDP 是由太空产业、航空产业、船舶制造业、计算机产业、生物科技、现代农业构成的，所以它占世界第一的优势就是这些东西在支撑。而 1840 年中国的 GDP 是由茶叶、蚕丝、瓷器等构成的，这些东西很难转化成国防力量。

所以说，我们不能把"肥大"当作"强大"。国家况且如此，企业又何尝不是这样呢？从我们的企业来看，业绩额确实有了大幅的提升，那么是不是意味着我们的企业真的强大了呢？

● 事例导入，激发学员寻找答案

事例导入是通过讲解事件，激发学员寻找答案。最好的事例导入就是现场抓例子，因为事例本身与学员有很强的联系，他们会立刻被吸引。

今天，我们银行有很多精英参加培训，我想向大家介绍认识一位成功人物，他叫作××。他刚刚从大学毕业 4 年，就成为××支行的副行长了，他是怎么成长的呢？接下来，我来和大家一起分享这样的一个奥秘：学习中成长！

● 演示导入，留给学员深刻印象

利用道具进行现场操作来说明问题，为学员留下直观和深刻的印象。例如，我们和学员分享的是职业形象的课题，原来一直是这样讲的。

【例】如果你的职业形象不好，你的上司不会欣赏你，你的客户也会小看你。所以，每个人都应该有一个非常正面的、非常良好的职业形象，这是对职业的第一印象，同时也代表了我们企业的风采。

但如果换成演示导入，那就会让学员感觉非常深刻，一辈子都不会忘记。

> 大家请看，这是一本书（拿一本书向学员示意），它有一个漂亮的封面、一个漂亮的封底。假如我把封面撕掉（现场撕下封面）。然后我再把封底撕掉（现场撕掉封底），这本书的内容有什么改变吗?
>
> 没变！但是如果有100本书的话。最后剩下的是哪一本?就是这本了。
>
> 为什么?
>
> 因为它没有了封面、没有了封底，封面、封底如同一个职场人的职业形象。所以职业形象非常重要，一个良好的职业形象会增强我们的人际关系，会体现企业的品牌形象。

如果是这样演示的话，学员在以后的工作中，遇到职业形象问题时，就会回忆起这个导入。

所以，演示导入要在培训课堂上大量使用。演示导入最简单的方法就是画图。

3．课程导入不能犯的4个错误

这几种开头是不提倡培训师使用的开头，应该在表达时摒弃。

● 驴唇马嘴

在开场导入中，我们经常会听到与主题毫不相干的内容，这会令学员一头雾水，不知道老师要将问题引向何方，这就是我们所说的失误——偏离式的开头。

● 自毁长城

自毁长城的开头导入也比较常见，我们经常会听到以下说法“对不起，我不太会说话”“这个问题我也没有理解得太明白”“很抱歉，我今天迟到了”“对不起，我很紧张”等。这样的开场导入，并不能反映培训师的本意，学员往往不会认为是培训师谦虚或礼貌，相反会更加注意你的缺点、失误。要记住，培训师登上讲台是绽放精彩来的，而不是说对不起来的。

● 夸夸其谈

这种开头导入也是比较常见的，培训师会以一种高高在上的姿态和学员交流，以某种过于夸大的名头或成就来介绍自己。如“我被董事长喻为本企业技术领域的第一人”等，这样的表达往往会招致学员的挑衅和不屑。

● 飞流直下

一段精彩的培训课程，都会有高潮和平缓的段落。如果将最为高潮的部分放在开场，那么接下来的主题部分将显得暗淡无光。所以在开场导入要注意这一点，合理营造气氛。

4．登台亮相，一鸣惊人

培训师上场就像电影中的开头一样，掌声在这时候往往会是最热烈的。设计优秀的上场可以让你感受到作为一名培训师的成就感。上场的时候有 4 个要点：空台登场，静场起音，从容不迫，启动注意。

- 空台登场

登台前要将该准备的提前准备完善，在主持人或助教介绍后，等待他们走下讲台，然后培训师再登上讲台。有的培训师认为跑上讲台更有朝气，但形式是为内容服务的，专业的内容比夸张的形式更能征服学员。

- 静场起音

快步走上讲台后，会有持续的掌声或议论，要辅以巡视全场的目光，短暂的停顿使课堂安静下来后，再开讲。

- 从容不迫

要胸有成竹，从容淡定，给学员自信、稳重、专业的印象。

- 启动注意

开场白后迅速导入课程内容，一定要在这里吸引住学员的眼球，进入主题内容。

4.3.2 课程效果设计

设计课程要讲究效果，如何判断培训效果程度，笔者建议通过以下 3 个标准进行判断，同时如何精确评估培训的效果，本节也将介绍 4 种评估方法，来检验培训效果的好坏。

80%的企业参加培训后都会觉得自己上当了，根本没有达到培训所要达到的那种效果：每投入培训 1 美元，就会收回 3 美元。培训经费给了，可绩效还在原地踏步。无论对培训的组织部门还是业务部门，做出投资培训的决策都应该明确回答一个问题：培训是否起到了作用?

1．宏观作用，要对企业发展有用

培训的效果，是要通过用不用来衡量，这样才能避免产生盲目投资的行为，不利于培训负责人组织下一个培训项目的立项和审批，更不利于企业的发展。

2．直观作用，培训要对管理服务有用

作为培训负责部门应全面掌控培训的质量，以高质量为中心，展开管理服务工作，对不合格的培训及时找到失误的地方进行纠正。同时总结工作中成功的亮点，本着不断改进培训质量的原则，把培训工作越办越好。

3．微观作用，培训要对受训人员有用

培训要对受训人员的知识、技能、态度的接受与更新能力有所帮助，更要为受训人综合素质与潜在发展能力做出评价和鉴定。培训不是为了学，学不是培训的起点，而是为了用，学了不用当然没用，效果也就无从谈起了。

培训效果评估是检验培训效果的方法之一，结训是否起作用要用效果评估来反映，评估也是对受训人、对培训管理、对师资、对企业等负责。我们一般以时间的维度来做过程评估，即从培训中到培训后的过程经历进行评估。

4．培训效果的 4 种评估方法

（1）现场反应

这是评估的起始点，通过观察学员在培训现场的注意力、兴奋度来评估：如果学员在培训现场情绪烦躁、出入频繁、交头接耳，那么就可以判断培训效果不好。有的培训师会认为，有些课题就是容易让学员感到枯燥，如技术类培训。但是无论什么课程，如果学员连听下去的兴趣都没，那么谁还可能转化为行动去改善。所谓“学员现场不心动，课后别想变行动”。从简单评估的角度来看，学员培训后的留存人员与培训前签到人员之比，大于 0.8 即为有效培训。

（2）训后评价

这是培训结束后立刻要做的评估，所谓“趁热打铁”。要求对学员的培训过程进行自评打分，如掌握知识的程度、培训的内容方法、培训师的专业水平、培训现场的服务等。一般打分设计为 5 分制、10 分制（5 分制比较容易操作，但区分度不如 10 分制），这样易于进行操作和统计。如果是 5 分制，评价训后效果至少应达到 4 分；如果是 10 分制，评价训后效果至少应达到 8 分。

（3）行为改善

这是在培训后一周之内做出的，主要衡量培训是否给受训者的行为带来了良性、正向的改变。这个评估往往是通过受训人的主管领导评价、客户鉴定，或对学员工作现场进行随机观察、测评得出的。这种评估对于培训部门非常重要，要由企业的培训评估制度来保证：如果训后一周内不能及时做评估或督导，那么对于评估的效果会有一定程度的影响。

（4）业绩对比

训后行为的改变、绩效的变化是通过对比得出来的，也就是纵向比对。就是把培训前受训人可衡量的指标、标准，如数量多少、质量高低、成本耗省、销售增减、安全情况、利润盈亏等，与培训后进行对比，观察比较值的变化，来判断培训效果。这种对比可每隔一个周期进行一次测试。

除此之外，还有横向对比，企业选择与受训者背景相似，但未接受培训的员工作为参照组。培训结束后，分别对受训者和没有接受培训的参照组人员，按照对比指标和标准进行对比。如有正向、良性的变化，即是效果显现。

尽管我们提出了这4种评估方法，但也不排除员工可能因为有机会参加培训（如户外拓展训练）而积极性高涨，进而短时间内工作绩效得到提升的情况。所以，工作热情的改善算不算培训效果，企业需要视不同情况来进行认定，因培训而产生的工作积极性不易保持，会造成绩效增长不稳定的情况发生。

5. 培训效果的5方反馈

培训管理者对培训效果的评估，要与企业内部其他相关方的反馈保持一致，否则培训管理者就会陷入“自娱自乐”的尴尬，所以要对于企业系统内培训反馈的各相关方给予重视。

（1）领导方关注培训投资回报，获取信任是重点

企业高层管理者就是培训反馈的领导方。他们不直接介入培训评估，甚至不直接参加培训，但往往会通过与受训当事人的交流，对培训效果做出重要判断和给出反馈意见，从而对培训工作产生重大影响。领导方强调的底线莫过于投资回报，即培训所带来的节约、利润与培训所花的时间、金钱代价的对比关系。但是对于生产型企业来说、投资回报率相对比较容易判断；而在服务行业和其他非标准化的操作中，投资回报率可能会体现在投诉率、市场占有率、品牌美誉度等各个方面。如果培训的投资回报计算结果比原来大很多，培训也就因此而更受重视。所以拿出翔实的、令人信服的调查数据，让培训领导方了解培训的成本及带来的收益，打消高层领导对投资培训的疑虑心理，获得更大的资源支持，把有限的培训费用，用到最能为企业创造经济效益的课题上来是重中之重。领导方的关注可以换来对培训的支持，包括扩大培训可用的资源、加

大培训投入力度、要求相关人员配合、参与培训工作。

（2）参与方关注培训适用程度，完善管理是关键

培训管理者是培训项目的参与方，他们担负着培训方案整体设计，与培训师共同实施不同阶段的培训评估的任务，也是培训相关方的连接纽带。参与方更关注培训与员工工作习惯、岗位氛围、技能发展的相关程度和学员的满意程度。收集培训各方的反馈结果，沉淀培训经验、分析管理不足，促进完善培训管理是参与方的关键职责。

（3）执行方关注学员认可程度，精益求精是难点

授课培训师作为执行方，要根据企业需要设计培训方案，并根据培训评估方案实施培训评估。执行方最关注受训者的反馈，尤其是对自己的认可、满意程度。正确客观的反馈可以帮助培训师实现自我激励，不断升级课程版本，提升培训质量，改善教学效果。接受学员批评督导，实现培训课程精益求精，将成为培训师突破自我的难点。

（4）关联方关注培训产出，提升价值是中心

受训者的直接上级的反馈，我们称为关联方反馈，这可能会成为培训管理者最大的“战友”或“敌人”。受训者的直接上级最关注培训后的产出：质量、成本、效率、效益。几乎在所有组织，这4类具有代表性的业绩衡量标准都是受训者的直接上级所关注的。受训者的直接上级，向培训管理者反馈培训为组织带来的价值，将会迫使其进一步地支持管理者，选择最恰当的培训课程，开展更适宜的培训活动。

（5）受训方关注学习成长，兴趣保持是动力

作为受训方的学员，在培训反馈中把真实的想法反映出来，源于对自己成长的关注、保持受训方的学习兴趣和热情，也是企业培训工作的动力源泉。

保持培训相关方对培训反馈与培训评估的一致性，加强企业内部各方对培训的关注，才能完成企业培训的任务。

4.3.3 课堂设计

要进行课程设计，关键要运用好课堂方法，如课堂讲授法、现场演示法、课堂研讨法、角色扮演法、游戏带动法、案例分析法、工具实操法，通过这些方法，让学员掌握课程内容。

培训师，通常被称作“知识的魔术师”，即用“幻术”向学员分解、传授学习内容的人。变戏法讲究“捆、绑、藏、掖、携、摘、解”的手法。

培训师在课堂上要善于使用“讲、演、论、扮、戏、案、操”的教法。即课堂讲授法、现场演示法、课堂研讨法、角色扮演法、游戏带动法、案例分析法、工具实操法。那么，课堂常用的7种“戏法”都是什么套路呢？

1. 课堂讲授法

课堂讲授法是以讲解、提问和回答来交流学习内容的方式，被称为“训练法之王”，它适用于各种各样的内容，应用面最广，限制条件最少。

（1）易掌握、多变化、用技巧

在课堂讲授法的使用中，培训师处于主导地位，学员往往是被动的，便于培训师掌控时间。为了使这种教学技法更加有效，讲解中培训师需要始终关注学生们的变化，课程的逻辑结构要填密，素材和内容要尽量丰富，要善于运用设疑法来激发学员的兴趣，保持学员的情绪。另外，可尽量使用各种各样的教学辅助设备，丰富讲授的形式。

（2）易枯燥、不生动、没实操

课堂讲授法也有缺点。在现今的培训课堂上，很多培训师都在沿用它，这种教学方法容易让人感觉枯燥，不生动，更可能造成学员缺乏实践经验的情况发生。最不方便的地方就是无法及时地进行效果评估，或者无法使讲演者与听众之间实现双向沟通。

2. 现场演示法

以实物、图表和视频为工具，深入解析学习内容的方法。演示法可以帮助学员仔细观察和深入体会讲演的全部内容。

在进行道具或视频演示前，要首先检查内容是否与主题相关，是否囊括了所要强调的全部重点，避免过时、偏题。同时，还须仔细检查所有用具和道具，以防演示中有意外情况发生。

在演示道具或视频过程中，应遵循既定的计划和方案，通讨口头注释、展示内容、演示操作、引导学员、呈现结论的步骤进行。

（1）口头注释

把演示内容拆分成一个个的部分。让学员通过一步步地完成小目标来取得成功，这比直接达成最终目标取得成功要容易得多。

（2）展示内容

在展示内容的过程中，要保证现场的全体学员都能够看清演示的每一个动作。

（3）演示操作

演示时间不宜太久（8 分钟以内），操作要简单、防止出现歧义，达到深刻揭示本质的效果。

（4）学员引导

确保学员有充足的时间进行模拟操作或深入思考。如果学员不理解演示的含义，那么，最好的办法是让其他学员予以解答。

（5）结论呈现

培训师必须带领学员。把演示结论回归到已经学过的知识和材料上，实现讲述与演示的系统性、逻辑性。

3．课堂研讨法

课堂研讨法包括很多种讨论形式，其中包括自主式研讨、开放式研陪伴式研讨。

（1）自主式研讨

这是一种常见的学习小组式的研讨形式，其主要意图是达到设定的目标。对于学习小组的学员来讲，学员自己设置讨论议题，并加入各自的心得体会。使得每位学员都对整个讨论负有责任，更加促进学习。

（2）开放式研讨

这是一种无组织的研讨形式，完全依赖随意发挥，由提出话题者充当主持人。此类型研讨，必须有权威的仲裁者，才能支撑着研讨谈话的继续。所以，主持人必须在话题提出的同时，制定一些谈话规则，如确定教室中的麦克风为“令箭”，只有拿着“令箭”的人，才有权力发言。当它被传递给另一个人时，接过麦克风的人才可以进行接下来的发言。

（3）承接式研讨

这种研讨形式，不允许大多的参与和讨论。使得它本身极像一场普通讲座。小组成员全都是相关论题的发言者，每人也都有自己的分论题。话题引入者从逻辑的起点开始，每一位发言者都先回顾上位发言者的内容，在此基础上，进一步阐明自己的观点，搭建自己的论题框架结构，但要保证所有的主题都必须有一定的关联性和连续性。

（4）角色扮演法

角色扮演法是通过模拟与现实生活中十分相似的情形和状况，达成教学目标的训练方法。

（5）场景描述

角色扮演的练习从简单的场景描述入手，描述本身涉及培训师和学员扮演的角色，或由学员自己想象“戏”中的情形和场景布置。然后让参与者利用以前学过的知识和新学到的技能方法，以及其他方式来表演。

（6）独立扮演

参与者要独立完成角色范围的大部分内容，这样可以使“角色扮演”完成得更好，以达到预期的目标。在扮演过程中，尽可能地少用道具，因为道具会增加参与者扮演的难度，甚至会转移“观众”的注意力。

（7）过程纠偏

在结束了某一情节之后，角色的扮演者、观摩者和培训师都将对刚才的“演出”指出缺点和不足，进一步分析表演的优劣，提出可改进的地方。为得到不同的想法和启迪，可由多个学员来扮演同一角色。

（8）总结分享

心得分享是角色扮演结束后最重要的工作，要留出充分的时间让每名学员都参与到其中来，做出情况说明、心得反馈，这样不仅能使学员获得绝好的思路和启迪，更是演练成果的体现。

角色扮演法在运用中遇到最大的挑战是学员被情境所吸引，很难跳出角色做公正的分享，这对培训师的引导功力提出了较高的要求。

4. 游戏带动法

游戏带动法是按照一定的规则进行游戏，带动学员完成培训任务的教学技法。这种教学技法可以让学员懂得，主动发现结果比被告知要好得多。同时，可以帮助培训师找到与学员接近的方式。

游戏带动法，可以在学员需要加强辅导力度，创造良好学习氛围时使用，具有趣味性、教益性、简便性、创造性。

（1）教法的趣味性

这种教法好玩，有竞争性，会对学员造成强烈的吸引，能够激发学员参与的热情，可以作为消耗多余能量、活跃课堂气氛的一种手段。游戏活动本身也是营造学习气氛的一种方法。所以，很多时候游戏带动法在午饭后的第一节课经常能派上用场。

（2）教法的教益性

所有的游戏都具有竞争性，但作为培训师，不能简单地把目光落在确定谁是最终优胜者的问题上，而是应该鼓励学员多思考，想出不同的方法。并且也可以向学员展示其他游戏竞争对手是如何行动的，进而让学员在游戏中获得更大的启发和感悟。但注意不要沉溺于游戏之中。要能总结出有教育意义的内容，起到指导学员的作用。

（3）教法的简便性

游戏活动在正常情况下比较简短，易于组织，便于操作，不会让学员感到压力，但要求所有学员都参加进去。游戏要尽可能减少对空间和道具的限制，一般游戏并不复杂，有时仅包含一条学习要点，其结果也可预见，在很多场合都适合。

（4）教法的创造性

经验丰富的培训师喜爱游戏带动法，往往刚设计出新游戏就立即投入使用。但是，游戏的“保鲜期”是非常有限的，一个游戏一旦重复出现，学员参与度就会下降。所以，这就要求培训师要针对培训需求和对象做新的组合，不断创造、翻新游戏。例如，进行相同的游戏得出不同的结论、使用相同的规则但不同的道具、根据相同的原理按照不同的顺序。

游戏带动法中的游戏从功能种类上，可分为以下几种。

① 破冰船

“破冰船”是培训上的专业术语“破冰”之意，是上课之初，学员之间因为陌生而存在隔膜和疏远感，培训现场气氛较“冷”，所以我们形象地将其比喻成坚冰。通过这类游戏来砸破“严冬”厚厚的冰层，帮助学员放松并开放自己，使学员之间变得乐于交往，相互学习。这类游戏主要用于调节气氛，打破陌生的僵局，让学员之间彼此熟悉和认识，预先组建竞赛小组。破冰船的游戏，要有简单的肢体接触，因为人与人的身体接触，对于拉近彼此的心理距离很有作用，远胜于语言的交流和眼神的沟通。

② 启示钟

这类游戏一般用在某个主题分享之前，用于主题导入。通过游戏导入激起学员的兴趣，达到导入授课主题、活跃课堂气氛、带学员快速进入学习状态的作用。

③ 传送带

这类游戏一般用在某个主题分享之后，是对于课堂上内容传递和讲解不足的补充。强调课程重点，引导学员思考，实现做中学习、玩中成长的目标。

游戏自身并不会从表层就同教学主题相关联，学员也很难从表层深刻体会游戏的目的和培训师所暗示的意图，往往是直到游戏后的讨论和分享时，学员才会领悟。如果游戏后没有进行讨论，学员就感觉不到游戏和主题之间的关联，也就根本无法体会游戏的用意。游戏带动法本身耗时较长，这是培训师在运用此技法时特别要加以关注的。

5. 案例分析法

案例分析法是指培训师提供实际的案例，让学员通过讨论掌握分析解决问题的方法，这是目前培训界应用最多的教学技法之一。它最早起源于医学界、法学界，后被美国哈佛大学培养 MBA 学生所用。该培训方法着重于培训师与学员之间的互动，结合学员的实际工作或学习的需要，侧重于培养学员的实际工作能力和解决问题能力，更加符合企业人才培养的需要。

案例教学法要经过内容引导、划分小组、提供案例、宣布规则、讨论分析、激励引导、总结升华 7 个步骤。

（1）内容引导

提供案例前要对主题知识进行介绍，知识内容要与即将陈述的案例具有紧密的相关性，并且要保证难度适中，与培训学员的现实状况相符。

（2）划分小组

激发多种思路，想出各种解决问题的方法，引入一种竞争机制。一般来说，小组数量要不小于 3，不大于 5。

（3）提供案例

可以通过口述、图文、多媒体等形式，向学员呈现案例。

（4）宣布规则

必须在案例分析前做出必要的规则界定。没有规则和约束的界定，任何案例都可能被学员推翻和否定。这样学员很难按照培训师所给的案例进行探讨，进而影响教学目标的达成。

（5）讨论分析

以学习小组为单位，开展案例的分析，解决问题的思路往往是在碰撞中产生的。学员的主动参与，会增强他们在学习中的积极性。

（6）激励引导

学员在分析中得到的结论和结果往往是多元的，作为培训师要善于鼓励和引导，帮助学员围绕案例主旨开展讨论，并说服游离于主题之外的学员放弃观点，实现教学时间的高效使用。

（7）总结升华

把学员讨论得到的切合主题的观点，进行提炼、升华，将其上升到理论层面予以认识。

案例教学法通过分析、讨论、交流思想等方式，提高学员分析问题、解决问题的能力。用好案例分析法，要掌握“四性”要领。

① 案例的讨论性

案例是不是多解的，答案是不是多元的，如果答案是唯一的，就没有讨论的必要。

② 案例的鲜活性

要保证案例素材具有实效、生动的特性，既要选用新鲜经典的案例进行教学，又要与培训主题相关联。

③ 引导的及时性

每个学员的思路是不同的，把案例抛给学员后，培训师要在第一时间内给予指导，使学员少走弯路，在短时间内完成教学任务。

④ 点评的指导性

培训师既要在理论上给出透彻阐述，又要精辟分析学员观点的优缺点；既要做出总结，又要进行提高。

这些都要求培训师对理论融会贯通，又要求其反应敏捷，善于发挥。

6. 工具实操法

工具实操法是通过训练和及时纠正等方式，对学员的行为操作进行指导，训练学员对工具的实际操作使用的教学技法。实际操作的工具，多来自现实生活中的实物，凡是操作类课程的讲授都可以使用这种教学法，这也是一种综合性的教学方法。

这种教法起源于军事人员的“操练四步法”，即预习，先看教官做；讲解，教官向士兵分解动作要领；试做，士兵根据教官讲解来模拟动作；纠偏，将试做的结果与标准规范做比较，纠正错误的地方。

工具实操法一般分为 6 个步骤进行。

（1）告知，说给学员听

这是操作类培训课的基础起点，学员通过听讲来对课程进行初步了解。如果能够进一步让学员感到这一工具的使用与其自身利益相关，那么就已经为之后的学习打下扎实的基础了。

（2）示范，做给学员看

培训师通过亲自操作，让学员对课程内容有进一步的了解，学员可以通过观察来学习。因为每个学员的学习速度不同，所以示范过程不宜太快。在学员没有完全弄懂时，不要向下进行。

（3）模拟，让学员试做

培训学员模仿培训师的示范亲自来做，在模仿的过程中，要求培训师同步讲解每个操作动作的细节，观察学员对工具使用掌握的程度。这一步骤解决培训学员行为协调的问题，是学员做给培训师看的过程。在学员的学习过程中，动手去操作是重中之重。这一步骤的缺失会造成“一讲就会，一做就错，一考就‘糊’”的状况发生。

（4）纠偏，告诉学员如何改进

观察学员在模仿步骤上的操作，是指出学员模仿中行为细节与标准操作的差异。现场纠正要关注学员的自尊和感受，然后让学员重复模仿。这一步骤重点解决学员的行为校正问题。

（5）固化，帮助学员形成习惯

工具操作达成规范，并形成习惯，是学员数十次重复的结果。但并不意味着习惯养成就不会改变，学员经过长期的工作往往会淡化或遗忘规范化操作，或因某种干扰动作发生变异。这一步骤也是培训师重复检查，不断纠偏的过程，促使学员养成正确操作的习惯。

（6）创新，鼓励学员自我突破

所谓熟能生巧，在学员养成稳定的工具操作习惯后，培训师要给予正面的鼓励。学员会受到鼓舞，在安全的前提下创造新的操作工艺。

工具实操法的优势在于讲解形式较简易，操作过程易掌控，学员有大量的参与机会，不足之处就在于无法兼顾到全体学员，而且费时费力。

4.4 课程设计的八大理念

4.4.1 素质类课程的设计

“蒙太奇就是将拍摄下来的场面恰当地组接起来，使每个场面的时间长短适当。”法国著名的电影理论家米特里是这样定义蒙太奇的。

空序蒙太奇就是通过从内到外、从低到高、从左到右的顺序来表达知识内容的构思方式，它常用于素质类课程。

1．空序设计让课程内容变魔术

企业素质类的课程重点表达“是什么”的问题。我们以某银行《员工守则》为例。

员工守则

1．爱国爱行。热爱祖国，忠诚于我行事业，甘与我行同命运共发展。

2．遵纪守法。严格遵守国家法律法规和我行规章制度。勇于检举揭发、制止违法违规和危害我行利益的行为。

3．敬业爱岗。热爱本职工作，勤奋好学，精通岗位工作技能，力争一专多能。

4．勤工守时。不迟到早退，不串岗聊天，不擅离职守，不从事非岗位职责活动。

5．至诚服务。遵守“礼貌、规范、快速、准确”的服务准则；树立客户至尊的观念，诚恳有礼，热情服务。

6．团结协作。员工之间互相尊重支持，通力协作，杜绝拉帮结伙。

7．锐意创新。不断提高自身素质和岗位操作能力，并主动对岗位工作和我行整体发展提出创新意见或建议。

8．忠诚守信。言行诚实有信，严禁泄露我行及客户的商业机密。

9．仪态得体。仪表整洁，举止大方有礼，按规定统一着装，挂牌上岗。

10．爱护行产。爱护我行财产，坚持节俭办事，维护我行财产安全。

这是一些企业培训师的典型课件，从课程内容上来看，《员工守则》已经将全部的内容呈现出来。讲解的内容很难超越文字本身，学员看了以后立刻就懂了。接下来他再听你讲就没什么意思了。其实，文字版的《员工守则》是用来读的，不是用来讲的，作为企业培训师要将《员工守则》的内在逻辑和构思梳理出来，这样才好记忆。于是，我们用空序层级构思，把它用图形表现出来。

● 守纪

这对于员工来说是最基本的要求。因为银行这一行业是以规避风险为前提，追求利润最大化，这就要求银行员工的自律性要摆放在第一位，所以把它作为基础模块放到最下面。员工不做到遵守规则，就可以被淘汰了。

● 爱心

这是要求银行员工，对内部（组织）客户有所回报，回报的结果就是付出“爱”。

● 诚信

这是要求银行员工，对外部（组织）客户进行投资，投资的“资金”就是服务和信用。

● 创新

这是要求银行员工有追求，不能安于现状，否则只会被边缘化。

企业培训师先用空序构思，进行层级梳理，有了进一步的图解加工、学员容易消化之后，就会接受了。

通过空序构思的图解，我们还能发现原始素材的问题。

● 重复的问题

第二个层次“爱心”，包括爱岗敬业、爱国爱行、爱护行产 3 个方面，但其实爱国爱行已经包含爱护行产在里面，原始素材有重合表述的内容。

● 缺失的问题

身为职场中人，仅仅遵纪守法，还不能体现社会公民应尽的责任，但是在《员工守则》里还没有得到充分的体现。

2．空序设计的图解过程

空序设计的图解过程是如何完成的呢？下面来具体分解。

● 相近分类

把内容相近的条款分门别类，这是构思最基础的步骤。

● 类别概括

用一句话、一个词或一个字，对每一类别做精炼的总结和概括。

● 找出特质

将每一类别的要求、条件、特质挖掘出来。

● 关联加工

将类别与特质要求进行逻辑关联的整合加工和精加工。如图 4-1 所示。

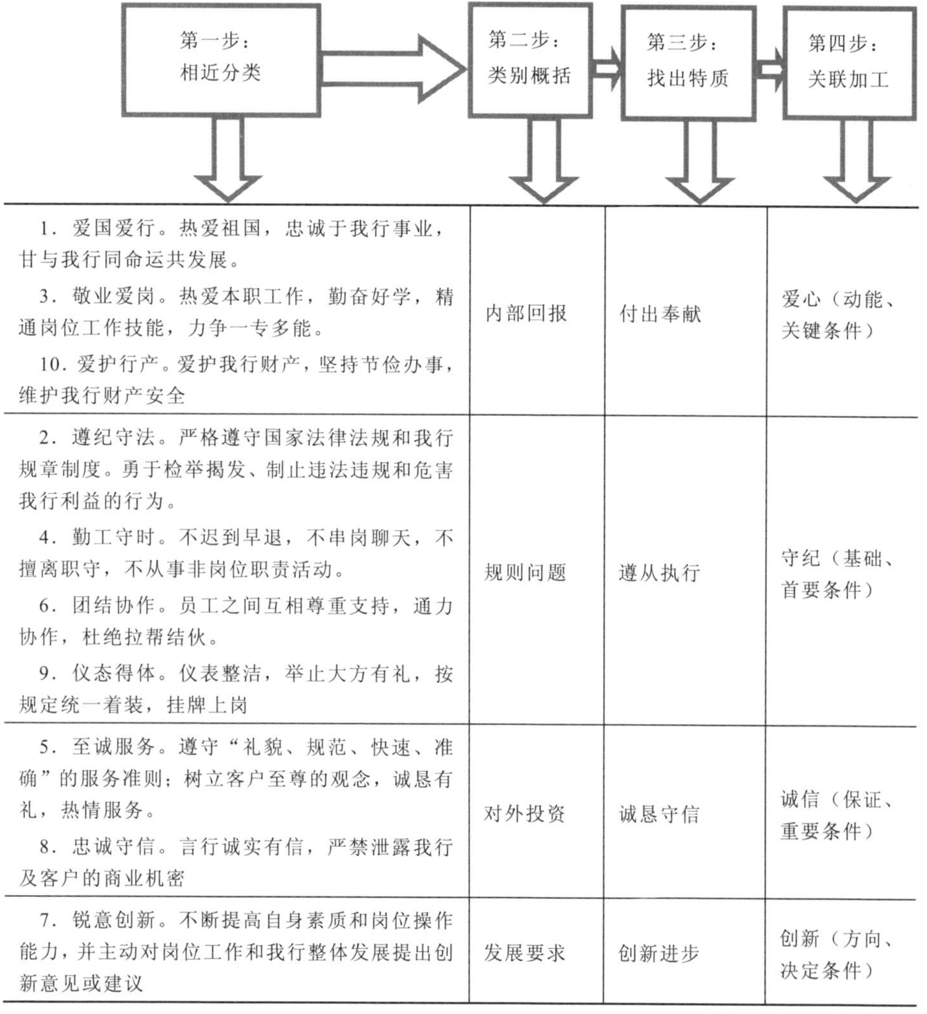

1．爱国爱行。热爱祖国，忠诚于我行事业，甘与我行同命运共发展。 3．敬业爱岗。热爱本职工作，勤奋好学，精通岗位工作技能，力争一专多能。 10．爱护行产。爱护我行财产，坚持节俭办事，维护我行财产安全	内部回报	付出奉献	爱心（动能、关键条件）
2．遵纪守法。严格遵守国家法律法规和我行规章制度。勇于检举揭发、制止违法违规和危害我行利益的行为。 4．勤工守时。不迟到早退，不串岗聊天，不擅离职守，不从事非岗位职责活动。 6．团结协作。员工之间互相尊重支持，通力协作，杜绝拉帮结伙。 9．仪态得体。仪表整洁，举止大方有礼，按规定统一着装，挂牌上岗	规则问题	遵从执行	守纪（基础、首要条件）
5．至诚服务。遵守"礼貌、规范、快速、准确"的服务准则；树立客户至尊的观念，诚恳有礼，热情服务。 8．忠诚守信。言行诚实有信，严禁泄露我行及客户的商业机密	对外投资	诚恳守信	诚信（保证、重要条件）
7．锐意创新。不断提高自身素质和岗位操作能力，并主动对岗位工作和我行整体发展提出创新意见或建议	发展要求	创新进步	创新（方向、决定条件）

图 4-1　空序设计图解过程

● 图形呈现

删除多余文字，将类别之间的逻辑关联用图形呈现出来。

就这样，通过 5 个步骤将文字内容，转化成图形课件，一次空序的构思就完成了。

● 空序设计的多元操作方法

构思的结果往往是仁者见仁，智者见智。培训师思维的多元性决定了结果的不同：下面以某行业的《服务公约》为例，如图 4-2 所示。

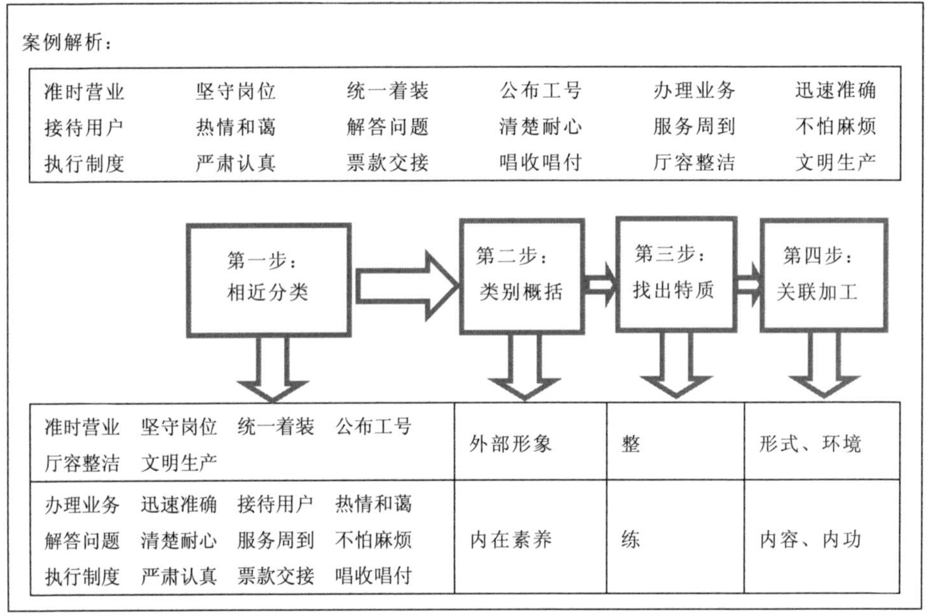

图 4-2 空序设计的多元操作

● 好设计是改出来的

构思不是一次完成的。企业培训师通过上述 5 步构思后，就基本可以进行预演了。

● 强制刷新

新课程每次讲授完毕，要养成立刻修改课程的习惯。因为很多时候，培训师在讲解之前是找不到感觉的，刚刚预演完，感觉比较新鲜、清晰，这样改起来就较为准确。这种修改对于培训师来说，是带有半强制性的。每次可以大约完成 1/10 的修改，从最难的地方改起，因为难点就是改善点。好构思不是想出来的，而是改出来的。

● 具象为美

企业内部的课程最怕不通俗，不通俗也是让学员最反感的。其实，想要把课程加工得通俗最好使用具象手法。所谓具象手法就是借熟知、共知的人或事实现繁殖、扩充、延伸本意的手法。例如，我们说这位员工“智慧过人”，这是表象构思；那么我们说这位员工“真乃诸葛亮转世”，这就是具象思维。我们以《收银员的打印发票要领》课件内容的“哪些货品可以合并打印发票”为例，见表 4-3。

表 4-3 收银员的打印发票要领之合并打印发票

必须单独打印发票的货品	可以合并打印发票的货品
天鹅厨具、空气清新剂	营养保健食品、美容化妆品、身体护理品、家居护理用品
备注： 1．天鹅厨具、空气清新剂因需售后服务，所以需要单独打印发票。 2．天鹅厨具之一的多功能剪刀是促销货品，既可以单独打印，又可以合并打印。	

经过具象手法处理，如：

打印发票如坐车，专车公车和蹭车。
天鹅总是坐专车，售后服务要用车。
营养保健护理品，联合化妆坐公车。
剪刀促销两乘客，蹭了专车蹭公车。
发票打印要记牢，细心操作不翻车。

4.4.2 技能类课程的设计

企业技能类的课程重点表达“怎么做”的问题。我们以《如何降低产品的复杂度》课程中的“以控制螺丝钉的种类来降低产品的复杂度”为例。

● 提出问题

企业快速成长后会面临着成长的烦恼，产品线泛滥、全面扩张，组织臃肿，流程缓慢，复杂度大增，大规模库存积压，导致企业规模越大，运营水平越低，成本增加、响应速度慢、响应成本高等问题。市场需要的公司没有，是短缺；公司有的市场不需要，是积压。片面追求增长，企业普遍陷入“响应陷阱”，规模越大，业务越复杂，批量越小，响应速度越慢、响应成本越高，企业盈利水平下降。成本高企，企业容易陷入“增长陷阱”，表面上是营收增长问题，实质上是成本控制问题。

产品线泛滥、产品型号大增、零部件的独特设计都导致产品的复杂度大增。复杂度是成本的驱动器：复杂度越高，规模经济越低，成本就做不下来、速度就做不上去。

● 分析问题

如果你与设计说起产品的复杂度，第一个抬出来的挡箭牌就是客户的多样化需求。是的，我们所做的一切，最后都会或多或少与客户的需求挂起钩来。不过这里我想问的是，同样的客户群，同样的需求，为什么有些公司的产品标准化程度就比竞争对手的高？这就说明，在复杂度控制方面，虽然有不可控因素，企业还是能够有所作为的。

● 举例说明

举一个简单例子就是螺丝钉。不管你到哪个公司，问有多少种螺丝钉，得到的答案都是几十、几百乃至几千种。是不是客户要这么多种的螺丝钉？答案都是不。那这么多的螺丝钉怎么来的？不用问你都知道：开发人员设计出来的呗！

当然，设计会说，5 分钱一个的螺丝钉，就算复杂，又有什么大不了的呢？这可真是外行：不要小看那螺丝钉。这里讲几个我亲身经历的故事，你就知道为什么大公司里没小事，任何东西都可能要了我们的命。

先说一个小公司，几亿元的营收。采购在诉苦，说设计整出太多的非标件。旁边主管设计的老总就开始反击，说那是客户要求的，为满足客户需求。采购经理挺激动，就问那几百种螺丝钉是哪里来的？难道客户点名要那么多？设计老总就哑口无言了。是啊，这么多种螺丝钉，料号太多量就很分散，让供应商做寄售，人家都不干。

还有一个公司，也是数亿元规模的营收，生产副总提到螺丝钉就来气：他们有几百种螺丝钉，有些螺钉难以区分，生产领错了料，就得重新去换，一折腾就大半个小时。这还算好。万一没发现，安到产品上，产品发给客户了，没用几天，螺丝就掉了，这几百万元一台的设备就停在那里了，成了麻烦。客户打电话来，说你们连颗螺丝钉都上不好？

这都是小公司。再说个大公司。深圳有个百亿级的家电生产商，人工费年年攀升，这个公司就想引入机器人，搞自动化，但困难重重。你知道一个麻烦是什么吗？螺丝钉！这个公司有几百种螺丝钉，这地球上就是找不到一只机器人的手，能够对付那么多种的螺丝钉！

同样的客户群，同样的多样化需求，为什么有些公司比竞争对手的产品标准化程度高？记住，客户想要的并不一定是真正需要的，做懂技术的销售，要引导客户需求，复杂度有好坏之分，客户愿意付钱的是好的复杂度，要保留，高复杂度是竞争优势，也提高了进入门槛，客户不愿意付钱的是坏的复杂度要消除，高复杂度是竞争劣势，也提高了成本结构。复杂度是有成本的，传统的会计系统反映不出复杂度的成本来，但直觉没有错：复杂度不是免费的。高复杂度意味着高成本，批量翻倍，单位成本下降 15%～25%，品种翻倍，单位成本上升 20%～35%。

● 解决问题

螺丝钉是用来连接不同的部件，也反映了其他部件的标准化设计水平：部件越是设计不标准，螺丝钉也就越可能不标准；越是设计水平低，需要的螺丝钉就越多。有个公司的产品是灯具，有一盏灯上竟然有 54 个螺丝，11 种规格。你能想象整体设计水平是什么样吗？

当然，对于螺丝钉，供应链作为局外人，知道的只能算是九牛之一毛，也用不着继续猜测下去。但不管怎么样，这都是设计做的孽，解决方案还得从设计上来找，通过推动通用化、模块化和标准化来预防。

另外，产品的复杂度就如企业里的任何系统性问题，后面总会看到绩效考核的影子。比如，有一个消费品公司，设计人员的主要考核指标是出图数量。这难怪零部件的重复利用率低——设计人员每次都是在原来设计的基础上，稍作修改，这就成了一张新图纸，后面自然跟着一个新料号，于是成了供应链的麻烦。

这就是说，要真正控制产品的复杂度，就得两管齐下：一方面要采取管理手段，通过绩效考核来解决“愿不愿意”的问题；另一方面要采取技术手段，通过导入基本的通用化、模块化和标准化来解决“能不能够”的问题。有了意愿、有了能力，产品的复杂度才能真正得到控制，从而降低由复杂度驱动的成本。

● 得出结论

跨越供应链降低成本有 3 个台阶，把成本降下来，一是通过谈判来降低价格来整合需求/整合供应，只能影响成本的 10%，二是通过精益和电子商务来降低生产及交易成本，只能影响成本的 20%，三是通过价值工程/价值分析，来降低设计决定的成本，可以影响成本的 70%。谈判降价潜力有限。要推动跨职能协作，向更高层次的降本方式过渡。因此，必须聚焦产品管理、需求管理和供应管理，三管齐下提高供应链效益，从而降低成本。一要用标准化来控制产品的复杂度，二要设计优化，推进产品与工艺交互优化，三要销售与运营协调，平衡需求与供应，递交完美订单。

总之，化繁为简，降低复杂度，精简产品线，流程再造，组织再造，整合供应商，采用信息技术，将复杂的终极表现为简单。

4.4.3 基于场景匹配设计

1. 现场座位的摆放，培训前检查现场必不可少

（1）座位摆放

培训课堂座位的安排要根据学员与学员、培训师与学员之间预期的交流类型来确定，恰当的座位安排可以保证每位学员的学习效果。

扇形座位摆放形式可以方便地让受训者在房间内从任意一个角度观看，可快速地从倾听角色转向讨论角色，很容易地与房间里的每个人交流。扇形座位容易使受训者积极参与小组和团队的讨论，共同分析问题，交流信息。如图 4-3 所示。

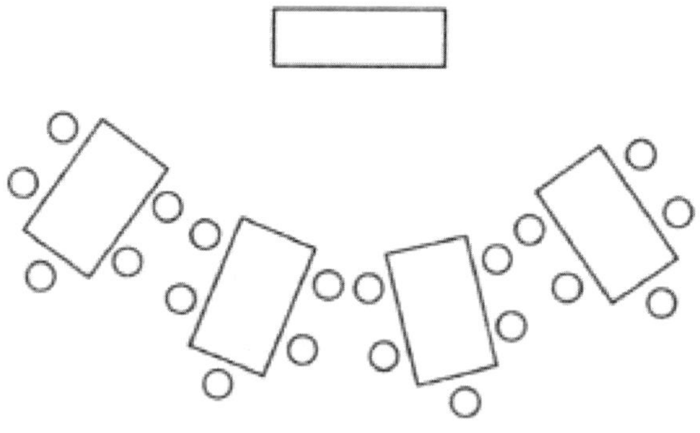

图 4-3　扇形座位示意图

如果培训的目的主要是为了向学员灌输知识，学员以听为主，那么，传统的教室形座位安排就比较合适，如图 4-4 所示，这样可以让受训者集中注意力，全神贯注地听讲。

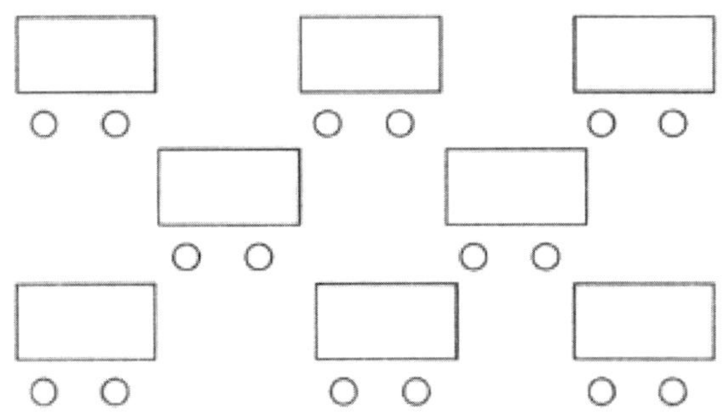

图 4-4　教室形座位示意图

如果培训目的强调的是学员的互动讨论，或者团队的合作，那么，“岛”形座位摆放方式最有效，如图 4-5 所示。

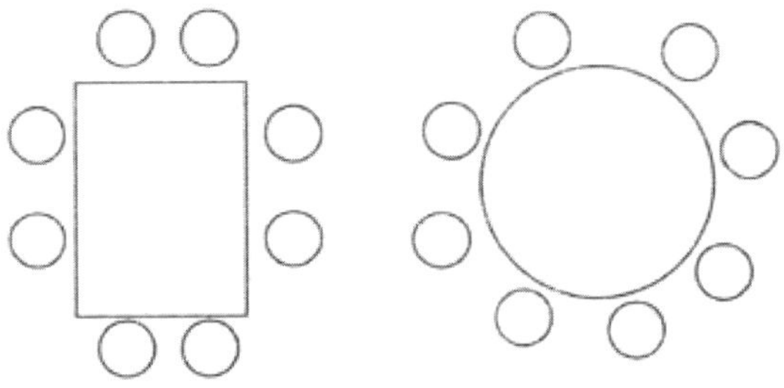

图 4-5　“岛”形座位示意图

如果培训的目的是希望既有专人的演讲，又有分组的讨论，那么，马蹄形座位摆放方式最好，如图 4-6 所示。

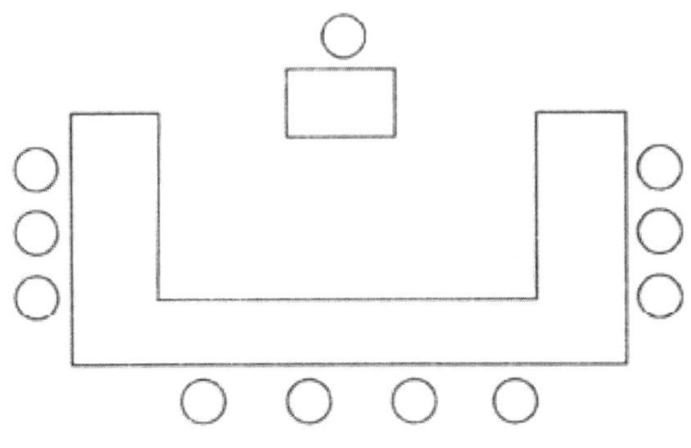

图 4-6　马蹄形座位示意图

（2）电源线的预备

检查电源插座是否可以正常使用，有没有出现不能使用的现象。多准备一个移动电源插板，并且电源线要足够长。

（3）灯光的试用

灯光昏暗只适合举办晚宴，而不是培训。现场的灯光应该足够亮，这样学员才会有学习的氛围。投影幕布上方的照明灯一定要关掉，这样才可以保证后排学员能看清楚幕布上面的字。作为培训师，要知道哪些开关是控制哪些灯的，可以随时调节灯光。让培训现场的氛围更好。

（4）电脑的切换

开课前要对电脑投影进行安装、调试。播放 PPT 时，常常需要从一张 PPT 跳转到另一张 PPT 上，可以根据需要，选择表 4-4 所示的方法来实现。

表 4-4　PPT 跳转页面的方法

定位法	右击鼠标，在随后出现的快捷菜单中，选“定位→按标题箭头（要跳转的）幻灯片”即可
序号法	如果知道跳转的幻灯片序号，可以用键盘直接输入相应的序号，然后按下“Enter”键即可跳转过去
链接法	如果跳转的幻灯片是固定的（如从第 12 页跳转到第 18 页）、在制作时，将两张幻灯片链接起来：选中第 12 页幻灯片中的某个任意对象（图片、文本框，或者插入个图形等），执行“插入→超链接”命令（或直接按“Ctrl + K ”组合键），打开“插入超链接”对话框，在右侧选中“本文档中的位置”选项，然后在中间选中第 18 页幻灯片，确定返回。 以后播放到第 12 页幻灯片时，如果想要跳转到第 18 页幻灯片上，只要单击一下前面选中的对象就行了。 注意：仿照上述的操作，将第 18 页幻灯片与第 12 页或第 13 页幻灯片链接起来，即可快速跳转回来

（5）投影的对接

投影仪和投影幕布是主要的培训设备，必须保证能够正常和有效地使用。要着重查看设备的接口是不是完好，投影仪的位置会不会对培训师、学员造成遮挡等。有时投影仪看起来没什么毛病，但是放映的时候可能由于光圈的问题，引起色差。这时，PPT 里面设置的颜色就会全部变色，如果恰好制作 PPT 时有一些图形和特定意义的色彩，就会影响到整个培训的效果。

（6）白板笔的挑选

在培训时最常用的几种颜色的白板笔是黑色、红色和蓝色，3 种笔会有不同的暗示意义在里面，提前有意识地挑选不同颜色的白板笔，可以极大增强课堂效果。

黑色白板笔写上去以后，会给学员一种确凿可信的感觉，暗示学员所写的内容是不容置疑的。

蓝色代表逻辑和理性思考，用蓝色白板笔书写的内容会暗示学员，讲师正在进行推理和演示，要跟着讲师的思维进行思考。

红色代表思维的跳跃，常常在表现一些重点或疑点时使用，会暗示学员可以开放地进行讨论。

（7）背景音乐的选择

在培训的时候，配以适当的音乐效果会让整个培训大为增色，并且音乐本身就具有调节情绪和心理的作用。有以下几点是选择音乐时要注意的技巧。

① 点缀为上

在培训过程中，用于调节气氛的背景伴奏音乐不宜过多，特别要避免全程都有轻音乐作为背景，这样会有副作用，课堂背景音乐能达到点缀效果即可。

② 按时播放

培训开始之初，可以利用快节奏的音乐来调动学员的热情；在培训中，进行角色演练时，分配好角色和任务后给学员时间讨论，也可以播放一些音乐，会有利于学员的思考；在课间休息的时候，放一些轻音乐，会让学员得到短暂的听觉享受和休息。

③ 专场专用

培训师选定的上场音乐、中途休息音乐、表示上课的特定音乐可以统一放在一张盘中；与培训活动配合的有特定效果的音乐、视频可以单独成盘。在培训前，培训师要与现场操作人员进行沟通，确定乐曲的播放时间和频率，并且可以商定一些手势来进行配合操作。

（8）话筒及音响的调试

话筒是伴随着培训师从头到尾的一个工具，利用好这个工具，会使学员感觉到培训师的专业性。话筒试音时避免用嘴去吹，“呼呼呼”的既不雅观，也不专业，更不卫生。一般用手轻拍或者轻敲话筒就可以试出有无音效。在利用胸麦的时候，一开始就要先调试好，音量不必太大，能感觉到扩音效果即可。声音太大会让自己紧张，并且会干扰靠近扩音器的学员。在握话筒的时候，要注意形象的专业性。一般把麦克风放置于手掌的虎口位置，然后拇指扣住话筒，其他四指自然展开后，握紧在一起，这是最标准、专业的握话筒方式。在学员发言时，如果有助教，可由助教帮助学员进行话筒递送，同时要注意走动不要过多，做动作幅度不要过大，避免影响学员与培训师的互动和教室后的摄像（如果有摄像的话）。

（9）纸巾的准备

在培训的时候，有时候会因为室内温度、师生身体状态而出现一些意外的情况，这时纸巾可以发挥作用，避免师生的尴尬。如果考虑不周到，轻则影响师生的情绪，重则会影响整个培训效果。

（10）奖品的设置

适当地准备一些小礼物和小奖品，不仅可以带给学员小惊喜，融洽学习沟通氛围，并且可以激励、促进培训工作的开展。

小礼物自然指作为礼物的物品要小，但是小不等于随意，要小得精致，小得雅致，小得贴切，小得有创意，给人眼前一亮的感觉。在表扬学员的时候，把礼物送给他们，学员会感觉到师者的用意，并为此而感动。

小礼物不用奢华，但要实用，最好能跟培训课程的内容相关联。在奖励的时候，要兼顾团队奖励、个人奖励。可以由培训师授奖，但最好在培训师的点评和引导下，由学员自己评价，那样奖品就会由对优胜者的认可，转向对所有学员的肯定和激励。

2."幕后"的交叉安排，从头到脚说自检

很多时候，集团企业的培训学员往往来自各地，彼此陌生，这就需要在"幕后"进行一些交叉安排，为营造一个开放、积极、友好的交流氛围，顺利开展培训活动打下基础。

（1）混合分组

培训分组的时候，来自同一部门或区域的学员要有意识地分开，要与其他部门或区域的学员混合在一起，这样既可以避免结成"小帮派"，又可以为大家提供一个更为广阔的交友、交流空间。

（2）交叉住宿

安排住宿也要遵循不同部门、区域的学员同性交叉合住原则，但是不能强制命令，而要在积极引导下形成同性自愿组合。

（3）搭配就餐

就餐安排的时候，要注意适当地男女搭配，目的是考虑饭、菜的量均匀消耗。如果一桌全是男学员，往往“狼吞虎咽、风卷残云后”，还“嗷嗷待哺”；而一桌如果全是女学员，为了身材苗条，浪费是难以避免了。所以在任何时候都要考虑到资源的合理分配和组合，让其发挥最大的效应。

“细节说明你是谁”，当培训师走上讲台的瞬间，你的形象将会定格于学员的心中。好长相不如好形象，好形象来自细打量。培训师上课前，要在镜前对自己进行仔细的打量，满足要求了，再走上讲台也不迟。

（4）男培训师形象自打量

① 头发

要保证三周左右修剪一次，做到前发不遮眼、边发不遮耳、后发不遮领。头发常洗，健康无头屑。

② 面部

脸上清洁，面色健康，即不干涩也不油光。鼻毛常修，平视不见，胡子常刮，手摸不扎。认真刷牙，口唇开合之间无他物。

③ 手

手面干净、指甲常修剪，指甲内部干净。

④ 外套

服装合体，着装端正，肩上无头屑，胸前无油渍，袖口没商标。衣兜内少装东西，做到平整无凹凸状，平整烫熨要适合培训环境。

⑤ 衬衫

浅淡纯色为主，平整挺括，无污垢斑点，纽扣齐全，袖子不卷不挽，布料厚实以不透底为佳。

⑥ 领带

保持清洁平整，可以多备一些，在长时间讲课时，做到每天一换，可以让学员感觉到新鲜，一定程度上缓解学员的审美疲劳。

⑦ 裤子

拉链顺畅，纽扣结实，表面无污垢斑点，裤线挺括，色彩与外套保持同一色系。

⑧ 袜子

袜面完整无破损，每天一换，清洗及时无异味。

⑨ 皮鞋

鞋面油亮，及时修补磨损变形的鞋后跟，与外套的颜色、款式协调。

⑩ 电脑包

擦洗干净，保持无变形，教学备品无遗漏。

（5）女培训师形象自打量

① 头发

头发常洗常剪，长短合适，发型不妨碍授课，头上饰物不会哗众取宠。

② 面部

脸上清洁健康，皮肤保养良好，化妆不能只顾趋新不求合理、只求变相不顾失真，要做到妆装相适，特别是口红、眼影要浓淡适宜。

③ 外套

面料无破损，常洗常熨；款式适合授课环境，肩部无头屑。

④ 裙子

下摆遮膝、遮袜口，表面无污物，未绽线或呈开散状。

⑤ 饰品

不累赘碍事、引人注目，杜绝造型奇特或显孩子气的装饰品。

⑥ 手指

手指光滑不粗糙，指甲经过认真修剪，指甲油无过浓或出现脱落的现象。

⑦ 长筒袜

颜色与服饰相配，无绽线。

⑧ 皮鞋

前不露脚趾后不露脚跟，鞋面油亮无尘。

⑨ 电脑包

不宜过大，携带轻便，保持整洁，无变形。

4.4.4 基于客户价值观设计

培训师基于客户价值观设计培训课程，必须平衡培训与管理模式的关系，平衡培训与组织文化的关系，培训师传道之悟，始于纠正偏差错误。企业内部培训师通过经验沉淀、历练积累，成长为企业培训负责人。前台的讲越来越少，后台的导越来越多，一个合格的培训负责人，大致要在企业中扮演以下两种角色：管理者、培训者。

作为管理者，担负着对培训活动的计划、组织、控制和提高的责任，很重要的一项职能就是搭建企业的培训体系，同时，必须从利润角度，根据企业的培训需求，制订切实有效的培训计划。要亲自把关选择合适的培训课程，保证企业的培训确实有效。企业有了问题，首先要考虑的是能否用培训来有效地解决。

作为培训者，又得是一个可以独立授课的内部讲师。企业仅靠外部培训，一是不划算，二是不现实，尤其是新员工入职培训。如果培训负责人连企业理念导入、基本商务礼仪等课程都无法独自操作完成的话，就会非常尴尬了。

总之，一个好的培训师应该学会平衡之术，要善于在不同角色中客串，平衡各种关系。

1. 平衡培训与管理模式的关系

20 世纪 90 年代初，外包理论为培训管理模式创新带来了新思路。外包的核心理念在于：利用他人资源去完成非核心业务。目前，从培训的实际管理模式来看，大多数企业是将整个培训职能交由人力资源或行政综合部门来实施，既可聘请企业外部师资进入企业开展培训活动，又可利用企业内部资源完成培训任务。那么，培训外包就是将企业的全部培训业务，即将企业培训规划的制定、培训课程的设计、培训时间的确定、培训活动的后勤支持、培训设施的管理、培训效果的评估，全部交给企业以外的培训、咨询机构来运作的管理模式。培训外包与否，取决于以下 3 个方面。

● 培训市场的成熟度

美国学者格雷・哈默尔（G.Hamel）、普拉哈拉德（C.K.Prahalad）在提升外包理论时，强调了“非核化”。培训“非核化”，是建立在培训业务分工较细、培训市场高度成熟的前提下。如果外部培训咨询机构有较强的培训研发能力，较高的培训技术水平，较好的专业品牌声誉，可以考虑实施培训外包，否则，企业内部自主实施培训管理较为稳妥。

● 培训资源的匹配度

企业自主培训，要考量自身是否具备实施培训的物质资源、技术资源、人力资源。若各方面资源匹配不平衡，那么可以选择培训外包。同时，外部培训咨询机构的资源，与企业的培训需求也要有较高的匹配度。为保证外部培训咨询机构的培训内容、方式（法）等符合企业的培训需求，企业可要求将培训业绩目标列入外包合同，同时在实施过程中加强与员工、外部培训供应商的沟通互动。如果上述几点不能得到保证，那么放弃培训外包不失为一种明智的选择。

● 培训成本的性价比

企业自主培训要产生必要的投入成本，如收集培训资料、购置相应设备（施）、聘请专业人员等费用支出。企业自主培训的固定成本、隐性成本（无法分享外部机构的专业培训经验）普遍高于外包培训。但随着企业规模的扩大，企业培训人次逐渐增多，相应地员工培训成本也将上升。培训外包活动较为适合中小型企业。

2．平衡培训与组织文化的关系

培训是企业文化的一个重要组成部分，优秀的企业文化能为培训提供更好的发展舞台。

● 我中有你

传承性是企业文化的核心特质之一，企业的优良传统也要靠员工之间代代传播，让企业文化得到继承发扬。培训的功能恰恰能满足企业对于文化传承的需求，通过培训师的传道、授业、解惑，使知识和传统得到放大和延伸。

● 你能助我

企业文化的核心是对员工的人文关怀，“以人为本”成为很多企业的核心价值观。在强调对员工尊重、理解、信任的同时，通过提升员工的素质，实现员工的自我价值，使员工的成长变成对企业的投资，促进企业可持续发展。而培训正是实现企业文化价值观的有效方式和手段，它可以促进企业文化的建设与发展。

● 我也帮你

在企业文化的建设中，高度重视员工自我实现、自我提升的需求。要满足需求就要有相应的理念与制度保证，而培训是实现员工这一需求的最好手段。有一些企业把培训部门从人力资源部剥离出来，与企业文化部门合并，这样就可以通过优秀的企业文化促进企业培训体系的建立，让多彩的企业文化形式对丰富培训方法、培训形式起到无法替代的作用。

3．培训之悟，始于纠误

企业培训师作为培训管理者，在实践中要不断地总结培训经验、领悟培训精髓。那么，培训管理的自我领悟从哪儿开始呢？一般来讲，是从对错误认识的纠偏、纠正开始的。

● 误解：培训就是上课

不少组织认为，把员工集中到一起请人来上课就是培训。所以很多组织都会出现这样的问题：课堂上听得激动，下课后想得冲动，过后一动都不动。作为专业的企业培训师，要正确地理解和实施培训，课堂效果并不是最终的培训效果。课前需求的把握、课中知识的掌握、课后行为改善的效果构成了培训的综合效果。把培训当成上课，这种以偏概全的想法是对培训的极大误解。当然，我们也不能否认上课是培训的形式之一，但上课式的培训方式，远远不能满足企业的进步和发展要求，早晚要被更先进有效的培训方式所取代。身为企业的培训师，要不断加强自身的培训素质技能，改进自己的培训技巧，不断创新培训形式。

● 误会：员工的需求就是培训的热点

为更好地保证培训的效果，培训前进行深入调研，分析培训需求，有针对性地开展培训活动是非常必要的。但是员工的需求是不是就是培训的需求呢？答案是否定的。因为员工的需求往往不等同于企业的培训需求，特别是企业的培训需求与员工的需求不符时，一般来讲员工的需求要服从于企业的需求。有一家企业引进了一条国外生产线，生产线文字注释均为外文，有员工向培训部提出，要求进行外语普及性培训。结果企业否决了员工的建议，而是请外部机构将生产线图纸、说明书、岗位注释均变更为中文。这个例子就说明，当员工需求与企业培训需求不同时，培训的热点在于优先满足企业需要，而非员工的需求。

● 误导：培训就会“赔”钱

从交易角度来讲，培训是转变员工理念、提升员工技能、增长解决问题能力的交易活动。既然是交易就需要资金的投入，但这并不意味花钱就会产生立竿见影的效果。有的企业管理者因此认为，企业对员工少培训就会多省钱，不培训就会不赔钱。与其花钱做培训，不如发钱给员工，让员工得到“实惠”，或者把省下的钱投入企业进行再生产，为企业创造更大的利润。其实，这是对培训投资极大的误解。很多成熟的企业每年都会把相当于工资总额的5%～10%作为培训投资，来确保培训系统的良性运转。因为培训投资对组织来说，是要付出成本、支出费用的，但受益的却是企业之本——员工。为了省钱使得员工因培训不足，给公司造成事故频发、产品质量下降、顾客流失等损失，这些都将直接增加公司的成本，即所谓的今天企业不“培本”，明天组织大赔本。

● 误区：培训是一种福利

既然培训能给企业带来好处，能够提升员工技能，满足员工的成长需求，那么把它作为一种福利，发给员工岂不是一种双赢？但是把培训当作给员工的福利并不准确，因为福利具有普惠的原则，是全员享用的，而培训恰恰不具备这个特点。企业培训是建立在选择的前提下，即训可训之人。并不是所有的员工都要培训。培训不是看演出，全员享有，全员适用。培训知识要把握好安全性，把不适合的知识推荐给不适合的员工，就会造成“中毒症”，不但很难提升工作绩效，还会带来很大的副作用。与其把培训作为福利，不如把它称为投资更准确。

● 误认：培训的事儿，就是培训部的事儿

培训工作的职责不能局限在培训部门，培训的事儿不只是培训部门的事儿，而是企业的大事，培训部门只是企业培训工作的承担者、执行者。企业培训做得不好，不应由培训部门负主要责任，而应由企业领导承担主要责任。从管理职能来看，培训是每个担任管理角色职业者（如非培训部门的管理者）的必修课，因为领导、教导下属是管理者履行管理职责的本分，而领导、教导下属工作离不开培训。所以说，端正培训态度，明确培训责任，树立“培训的事儿就是我的事儿”的意识，培训才能有效开展。

● 误事：培训分散精力

有的企业领导认为：企业业务繁忙、人员精力有限，在忙碌的工作时间内，挤出时间开展培训太占用精力、太误事。有些员工出于对培训制度的顾忌，不得不应付组织的要求，只是到课堂签到，敷衍培训的检查，这样培训当然是费时误事。1+1＞2，培训其实就是那个“+”号，培训可以激发起员工工作兴趣，增长工作知识，提高工作技能，提升工作效率。其实，培训是用小精力换取高效率，低投入产出高效益的过程。

4.4.5 基于个性化学员设计

1. 重视感受型学员的感受

感受型的学员有以下一些特点：表现较为活跃，感受能力超过思辨能力，不愿意被动接受说教，愿意一起分享感受，喜欢说“我感觉……我觉得……”。

听觉、视觉、感觉是人的 3 种不同的感受渠道：有的人以听觉为主，对这些人来说听是一种享受，可以闭着眼睛听课；视觉型的人则一定是望着你听讲，很注意课程的观赏性，如果不看，理解上反而会出现问题；感觉型的人一定是注重内容的参与性，他要试、他要摸，一定要亲自感受到才会理解得更好。

知识的传播不单是口或耳的交流，更是心与心的沟通，感觉到了，就会产生心灵上的呼应。当然，这不仅仅表现在感受强烈的学员身上，在其他类型的学员身上也同样存在，只是轻重程度不同罢了。所以，我们要以课堂语言的生动性来调动学员的听觉力，如课堂讲授法；以课程的观赏性来调动学员的视觉力，如演示法；以内容的参与性来调动学员的感觉力，令他们亲身体验，如案例分析法。只有大家都感受到了，而且主动参与了，才会从中得到升华。因此，重视学员的感受是很重要的。

2. 注重反思型学员的启发

反思型学员一般较为冷静，不以感觉为满足，喜欢观察和思考，拒绝外来的压力，愿意自己独立做判断。这些人在课堂上表现出一定的叛逆性，善于独立思考，并按自己的思考做出判断。如果要强迫他们接受培训师的结论，他们是不会接受的，甚至有些时候明明他们的观点与培训师的观点是相同的，但由于其叛逆性的特点，他们还是会唱反调。

对于这样的学员，我们要给予更多的鼓励。培训师要宽容大度，允许不同的观点存在。同时，我们还可以利用这样的学员作为课堂讨论的引子，因为他们的不同观点，可以引发更多人的讨论。

对于这类学员，要特别注重启发性。“引而不发，跃如也。”重在启发他们，给予他们思考的余地，然后鼓励其探索、质疑，这样，便会收到更好的效果。

3. 理清理论型学员的逻辑线条

理论型学员的特点是喜欢提炼归纳，分析能力胜于感觉。他们会及时发现逻辑上的问题，不能容忍逻辑的混乱，偏爱严谨的结构与理论体系。他们的思考是属于系统化的、条理性的思考。

对于这些人，我们的教学重点是基于辅助，协助他们思考新知识，把新知识融入原有的体系中去。因为他们最感兴趣的是如何使现有的知识在旧的框架中找到合适的位置。

所以，对于理论型学员的教法，要求做到逻辑线条清晰，总结概括必不可少。对他们不需要过多地举例子，重点是帮助他们扩展知识体系。

4. 激发践行型学员的成就感

践行型的学员表现较为务实，厌烦空洞的说教，对实践型课题感兴趣，喜欢自己验证自己的新想法，凡事注重结果。这样的学员不管老师课堂上讲得好不好，不在乎教学的技巧，只要对他们有用就行，哪怕只有一个办法对他们有用就行了。他们追求结果，经常挂在嘴边的一句话是“讲得挺好，但对我不适用啊”，所以，对于这样的学员，重点是引导他们的感觉，让其在教学中产生成就感。

对他们的教法要注意以下几点：一是理论讨论无须过长；二是实务性内容必不可少；三是以对策性的设计激发他们的兴趣，真正能够帮助他们解决问题；四是指导达成学习的成果。

5. 综合教法应用——抓住主倾向学员

● 以大多数学员为主

前面我们对 4 种不同类型的学员分别做了分析，强调要因材施教，那么，面对课堂上各种类型的学员，如何去辨析他们？如果学员不说话，又怎么看出学员是属于什么类型？这里，我们提倡课堂的第一段主要以老师讲解为主，就是留给自己一个观察学员的时间。你在讲解的时候，同时也在做现场调查，通过运用不同的方法，从大多数学员的反应中感受他们是以什么类型的为主。

例如，你的理论讲得很精彩，但大家都看着你没什么反应，但当你讲到一个小故事时，所有的人都打起精神来了。这样你就知道他们是以感受型为主。在一大段，甚至一个小时的讲解中，你就可以发现学员的主倾向了。正如众口难调的道理一样，培训师只要抓住主要的倾向，解决团队的主要问题，就算及格了。

● 以决定性人物为主

在我们的内训中，有时企业的中层、基层管理者甚至企业的高层领导都坐在那儿一起听，那该以谁为主？以能影响团队的决定性人物为主倾向。即使全体员工都说好，可是领导说不好，就意味着这次培训失败了。大家的反应一般，可总经理和董事长都说："你讲得太好了，下次还请你。"这说明培训成功了。当然，极端的情况不多，一般都是比较综合的情况。

所以，培训师要注意到，内训时候的主倾向更多的是由各层级的主要领导定的，其影响力决定了主倾向。如果领导认为你的课程不好，就会影响到全体学员的倾向。这个时候，就不要以数量，而是要以主导性学员的倾向作为主倾向。

根据统计，在一个团队或者一个企业里，决策者只占 5%，坚决、积极跟随者占 15%，其余 80%是从众者。一个有经验的培训师会关注到那些有影响力的学员，特别是那 5%的决策者，他们是这个团队的领头者。抓住这 5%的领导者，然后，拉动或推动另外 15%的人，进而再掌握其余 80%的人就行了。

6．个别学员个别辅导

对于极个别学员，我们可以做个别的辅导，如有的学员表达能力弱一些，对这样的学员就要加以鼓励，但没必要对全班都鼓励。对于能力强的学员，就要挑他们的毛病，防止他们骄傲自满，这就是个别对待。

如果学员说没听懂，假如他是理论型的学员，就要给他做理论性的讲解；如果是感受型的学员，就要举一个例子，讲一个故事，这样他就会明白了。

7．综合教法要灵活

每个人在不同的阶段都会表现出不同的特点，甚至他自己都不知道自己到底是理论型还是感受型学员，这就要求我们的教学方法要丰富多彩。

在课堂上既要有案例又要有分析，既要有演示又要有讲授，这正是现代培训被叫作综合性的立体教育的原因。它通过不同的方面、不同的形式、不同的信息接收方式，让学员理解知识，感受知识。为什么要强调多种方法的结合使用呢？因为这样才不枯燥，才是因材施教。

例如，问一个理论型和反思型的人珍珠是怎样形成的，他会这样说："当一种刺激性物质进入牡蛎的壳内，牡蛎会自动分泌一种物质，称为珠母贝，其主要成分是碳酸钙，牡砺的壳内衬是同样的物质，和珠母贝一层一层围绕着刺激物的核心，将刺激物包裹起来，最后形成珍珠。”这里他是用很准确的专业术语来表述。

但对于感受型的人，同样的问题，他很可能这样说:“想象你是大海底部的一只牡蛎，一粒沙子钻进你的壳内，让你感觉十分难受，你决定将沙子用一种叫珠母贝的材料裹起来，于是就形成大大小小的珍珠。”

培训因人而异，所以我们在讲解的时候，就要根据不同的学员运用不同的语言。如给孕妇做产前培训，告诉她不能喝酒。对于不同类型的学员，就要用不同的语言来解释，才能收到更好的效果。

对于理论型的学员，我们这样给她讲，她更容易接受:“酒中含有乙醇，孕妇吸收了乙醇，严重影响宫内的胎儿生长环境，因此容易造成这些母亲所生婴儿的疾患和死亡。”

但同样的答案，如果是对感受型的学员讲，她可能就没有一点概念，乙醇？应该没什么大碍吧？该喝的时候还喝，反正不会死人。她不能理解问题的严重性，起不到教育效果。此时，我们应该这样讲:“孕妇喝酒，酒精被吸收之后，她自然会感到不太舒服，于是她要醒酒。此时，她端起一杯咖啡喝下去，一会儿，她的感觉好多了。但是，胎儿的周围充满了母亲喝下去的这些酒精和咖啡因物质，相当于胎儿泡在酒精和咖啡因里。胎儿自个儿无法醒酒，它也不能够端起一杯咖啡来喝，且胎儿的肝脏此时还不具有排毒功能，这对胎儿能没有伤害吗?”

“胎儿泡在酒精里”，非常形象生动。知道了这个，再无知的孕妇也不会去喝酒了。这就是对不同的学员施用不同的语言和教育方法。

4.5 课程设计的三大原则

4.5.1 新知原则。满足学员对新知的探求

任何一件新事物，对我们每个人都会产生极强的吸引力。尤其是新的知识，可以满足学员的探求之欲。在新知元素中，包括新事例、新数据、新理论、新技能。

1．新事例的运用

作为培训师，可能经常会遇到这样的情况，当给企业家们讲课时，有的人就会质疑：你懂这行吗？你懂造纸业吗？你懂化工业吗？你懂钢铁业吗？我们很可能确实不懂。因为被培训者是该领域的行家，而我们是外行。在这种情况下，我们如何打消被培训者的疑虑？通常，可以遵循专业技术问题隔行如隔山、管理问题隔行不隔理的道理，用受训对象最熟悉却又不知道的新事例来说服和吸引他们。

例如，我们同企业家交流时，问他："你熟悉自己的身体吗?"他肯定认为这个问题是"小儿科"，谁不熟悉自己的身体？但是如果我们进一步问："你是用几个鼻孔出气的？"企业家可能一下子就回答不上来了。

这就是一个新事例。如果自以为是地回答两个鼻孔出气，那就错了。因为人是用一个鼻孔出气的，出气时是两个鼻孔相互交替使用的。每个人天天都在用自己的鼻子，但了解它吗？不了解。老板天天都在自己的工厂里走动，却可能并不了解工厂里到底有几个消火栓。所以尽管是很熟悉的东西，却并非有深入的了解。所以有新事例培训师拿来用就有好效果，对于学员来说，既熟悉又新鲜，自然就具有吸引力。培训师能把别人不知道的事情说清楚，就是行家，就对他人有说服力。

2．新数据的运用

数据在很多时候是最有说服力的，陈述事实用数据说话，往往起到四两拨千斤的作用。如原国务院新闻办主任赵启正面对某些盛气凌人的日本人，就用数据来说话，以铁的事实征服了对方。

> 1895 年，甲午战争后，中国人被打败了，订立了《马关条约》，让中国人赔款，赔多少钱？两亿两银元，这相当于当时中国两年的财政收入。日本人拿了这些钱发展了自己的工业，发展了自己的教育。1901 年，八国联军侵华，日本人又来了，后来签订《辛丑条约》，赔款四亿九千万两白银。而抗日战争结束后，作为战败国的日本应该赔钱给我们，但我们却没要分文。所以，仇恨不能延续，但是历史不能忘记。遭受这么多苦难的中国人能忘掉这段历史吗？你们认为中国人仇视日本人，这些数字还不说明问题吗？

面对这些铁一般的数据，那些日本人沉默了。所以培训师讲课要学会将数据灵活运用。

3. 新理论的运用

培训师的讲课内容同样要与时俱进，不断更新，把最新的知识传授给学员，而不能“一招鲜吃遍天下”。我们应该经常在课堂中引用一些新的理论，如托马斯·弗里德曼的“世界是平的”观点。新的理论不仅可以是吸取别人的，还可以是自己在实践中总结和提炼出来的。

我在给政府官员讲课时，一些人常常问我：我们这里有自然资源优势、有土特产、有贵金属、有矿山、有旅游景点，可为什么就是富不起来呢？听得多了，我也在思索：为什么他们有资源优势还受穷？看来资源并非是优势。

从世界上看，确实有很多自然资源不足却竞争力很强的国家。比如我们的近邻日本就资源缺乏，却是世界上经济最发达的国家之一。因为他们利用了别人的资源，深加工后，提高了资源的原始价值，把劣势变成为优势。又如中东地区的很多国家都有丰富的石油资源，但以色列却没有。于是以色列就靠先进的科学技术来发展经济，同样跻身于世界前列。

所以资源本身不算优势，能够很好地支配资源才会变为优势。这样把新理论、新观点加进去，课程就会好听多了。

4. 新技能的传授

新的技能，就是不为一般人所知道的东西，如果“人人都知”，就不能称为新。培训的任务是解疑释惑，传道授业，给学员实实在在的新知识、新技能。例如，前面我们讲到的思维导图就是思维方式的一种创新，可以成为课程中的一个亮点。

反之，如果我们的教学手段、教学理论、教学方法都是人所共知的老生常谈，就吸引不了学员。

上述四新——新事例、新数据、新理论、新技能要全部都具备，有一定的难度，真正能够做到四新中的一新就很不错了。例如，龟兔赛跑这样一个老故事，经过加工演绎后会得出更多新的理论。

乌龟和兔子赛跑，兔子不努力，中途睡觉，结果输了。总结出什么理论？努力比才能更重要。还能不能得出其他更多的理论来？

兔子又和乌龟赛跑，这次兔子记住了上次的教训，没有睡觉，努力跑，结果兔子又输了，为什么？这次兔子跑错了方向。这叫作什么？战略很重要。在一个错误的战略之下，再努力也是劳而无功的。

兔子再一次和乌龟赛跑，结果兔子还是输了，原因在哪里？比赛的环境不同了，前面有一片沼泽地，兔子陷进去了，乌龟却爬过去了。所以和别人竞争，竞争环境同样很重要。

只要肯勤于思索，还可以继续延伸出更多的理论。如兔子不服气，什么都做对了，但比赛还是输，想一想为什么。乌龟趴在兔子背上了。说明借助资源很重要。所以作为一名培训师，要善于思考更多的新观点。

当然，新知元素不是凭空想象出来的，而是来自于培训的实践。例如，我们在营销培训的实践中就借鉴发展了这样一个模型，叫作客户服务的四大热键，如图 4-7 所示。在给汽车业和银行业讲这个模型时，他们都觉得这个模型很有意思。因为看问题的角度不同了，用了新的理论，有了新的视角。

	内向	外向
强势	摩羯、金牛、天蝎 占有欲	狮子、射手、水瓶 控制欲
弱势	处女、巨蟹、双鱼 安全欲	双子、天秤、白羊 表现欲

图 4-7　客户服务的四大热键

上述这张图其实就是客户的性格取向图，根据人的性格不同和需求各异，可以得出这样一个矩阵。

- 强势又外向的人的敏感点在于强烈的控制欲；
- 强势又内向的人的敏感点是占有欲；
- 外向又弱势的人的敏感点是表现欲；
- 内向又弱势的人的敏感点是安全感。

那么，我们在销售的过程中就先进行客户识别，如果发现客户是控制欲很强的人，在给他讲汽车性能的时候，重点讲操控、讲控制；对于表现欲强的人，则可以告诉他这车要是买回去，别人一定对他刮目相看；对于占有欲强的人，则应该说，“人家都买了，你为什么还不买啊？有车有房有保险，这是中产阶级的标志嘛”，旨在刺激他的占有欲。

4.5.2 哲理原则。完成学员的思维升华

哲理是什么，浅一点说，就是道理，但是又比道理更深一层。佛学上怎么讲？“通贯事物本身之义”是道理，“通贯事物本真之义”是哲理。懂得哲理意义的人生绝对比那些体会不到哲理意义的人生要丰富多彩得多。

作为培训师，我们不仅要能够懂得哲理的意义，更要知道如何从生活中升华出哲理元素，并运用到我们的课堂中。如何获取、提炼哲理因子？一般来说，有以下几种方法。

1. 概括本质要点的精华概括法

把精华概括出来，就是将最本质的要点加以概括，把普通的语言提炼升华到新的境界。如品牌等于什么？李嘉诚总结的是品牌等于品行。细细品味一下，是不是很有哲理？例如，一些企业家总结什么叫作幸福，总结了4条，第一叫作“生得好”，第二叫作“活得长”，第三叫作“病得晚”，第四叫作“死得快”。好、长、晚、快——企业家的幸福观，是不是有些道理？

2. 延伸时空纬度的时空超越法

向时间和空间的纬度延伸，也就是要往前看，走在时代的前沿，这才是高境界。管理观念也有延伸的问题，不能自我设限、画地为牢。如我们在讲企业规模的时候，常说大鱼吃小鱼、快鱼吃慢鱼。其实再跳出一步想，快鱼把慢鱼都吃完了之后，还能再吃什么鱼？有，对鱼吃错鱼。这就用到了时空超越法。

在实际经济生活中，企业不犯大的错误，虽不一定活得很滋润，但能活下来。而一旦犯了错误，即使曾经轰轰烈烈，却可能最终“死掉”。一件事决定了事业的成败，这就叫作对鱼吃错鱼。

3. 寻求反向真理的相反相成法

相反相成法，就是用逆向思维的方法，在相反的方向上去寻求真理。因为任何事物都具有两面性，换个思路，茅塞顿开，我们的语言中就有很多这方面的例子，如大智若愚、大巧若拙、物极必反，等等。

4.5.3 情感原则。激发学员的情感共鸣

情感，不等于刻意的煽情，情感是一种自然的流露，是随培训情景的发展而发展。如果自己不动感情，却要让别人动感情，这纯粹是做秀了。所以，作为培训师，我们要把自己的真情融入课程之中。

确实，利用情感元素促进学习是一种非常好的教学方法。因为人是有感情的，当人的感情被激发出来的时候，就特别容易接纳新东西。欲要达理，必先达情，通过激发情感上的共鸣来达到认识上的一致。那么在教学中运用情感因子有哪些具体的方法呢？我们给大家介绍真情诉求法、崇高诉求法、情理交融法、轻松幽默法 4 种。

1．真情诉求法

真情诉求法大部分用在亲情、友情、爱情上。例如，在给企业家讲商业道德的时候，就可以融入情感因子。

> 企业家奋斗的目标不仅是事业的成功，还要营造温馨、和谐、幸福的家庭，靠体力的透支、冰冷的家庭关系所获得的事业成功，只是暂时的成功。

仅仅这样讲，还是比较空洞，但运用上亲情元素，就会不一样了。我们可以加一个亲情故事。

> 要过母亲节了，职业经理人 A 先生工作很忙回不了家，于是决定买一束花给母亲寄回去。他到花店里精心挑选了一束母亲平时最喜欢的白色康乃馨，正当他准备去寄时，发现一个小女孩坐在马路边哭泣。
>
> 他走上前去问小女孩为什么哭？“我想给我妈妈买花，但是钱不够。”小女孩说。A 先生听了很感动，于是帮小女孩给她的母亲买了很大一束鲜花。此时，天快黑了，A 先生提议开车送小女孩回家。“真的要送我回家吗?”小女孩问道。“当然。”“那你送我到我妈妈住的地方吧，我妈妈住得离这里很远。”
>
> 随着小女孩的指路，他们的车子开到了城外，然后又到了山上，最后竟然来到了一片墓地。A 先生这才明白，原来她母亲已经去世了。小女孩高兴地把花送到妈妈的墓前，说道:“妈妈，我终于给你买了你喜欢的花了。”

此情此景使 A 先生想到了自己，想到了自己的母亲。于是 A 先生将小女孩送回家后，径直返回了花店。他打消了给母亲邮寄鲜花的念头，连夜开车 5 小时回到母亲家中，他要亲自给母亲送花。

像这种真情的故事用到自己的课程中，学员的情绪就很容易被感染。这就是真情诉求法。

2．崇高诉求法

还有一种更能引起学员共鸣的方法就是崇高诉求法，这是一种被升华了的情感。例如，事业和理想的激励，就属于高水平的激励。一个优秀的培训师，不仅课要讲得好，而且自身要有崇高的人格魅力，要有情有义。商道中的“义”甚于钱，像乔家大院里的乔致庸到后来不再是为了赚钱，而是为了实现“货通天下，汇通天下”的理想抱负。讲这样的事例，就是崇高诉求法。

3．情理交融法

把情和理结合起来，动之以情，晓之以理，情理相融，效果更好。我们曾经听过这样一个故事。

美国“9•11”事件之后，在离世贸大楼废墟不远的一家餐厅里，每到周末，就会有一个人来到店里，坐在同一位置上叨叨咕咕。他会一个人要两份同样的食物，但是，他自己并不吃。而且，他每次都要服务生给他点上蜡烛。大家都很纳闷，于是店老板决定下次这位客人再来的时候要弄清楚原因。

原来这位顾客的老婆在“9•11”事件中丧生了。他曾经是一个不爱回家的人，曾经非常讨厌他的老婆。因为，一回到家，他的老婆总会向他不停地唠叨，还会和他吵架。结果他越来越不爱回家，老婆也就越爱唠叨。就这样，他和老婆的关系形成了一种恶性循环。

但是，老婆遇难后，这种循环被打破，再也没人向他唠叨了。很快他便感到了孤寂。他想起了老婆的絮絮叨叨，想起了老婆的诸多优点，他甚至觉得，老婆的唠叨是这个世界上最好听的音乐。然而，现在什么都听不见了。

他想起了当年他们浪漫的初恋，周末在这个小酒馆相识。那时候她最爱吃那种七成熟的牛脊骨，爱喝那种将军牌的红酒。他们在这种快乐的氛围里相识、相爱，结婚生子。所以，现在一到周末，他都要来这家饭店去追寻那些逝去的记忆。

当每次摆好食物，点上蜡烛后，他会发现，老婆就映在烛光里。而这个时候，是他心情最激动、最愉悦时，情不自禁地说："太太，你说话啊，你说啊……"

生活就是这样，有很多东西，当失去了以后，我们才知道它的珍贵。当生命失去的时候，当阳光失去的时候，当美丽的环境失去时，我们才知道要珍惜当下的生活。

这个故事的前半部分是动之以情，后面的"很多东西，只有当它失去了之后我们才知道它的珍贵"就是晓之以理了。这样，把"珍惜当下的生活"的"理"提炼出来，就很容易被听众接受。这就是情理交融法。

4. 轻松幽默法

这是一种特殊的方法，在情感上设法让听众感受到一种愉悦和轻松，以愉悦的体验优化学习。将幽默加进课堂之后，我们会发现课堂上的气氛很活跃，在这样的一种氛围下，学习会变得很轻松，知识很容易地就被接受了。

幽默不仅仅是情感，更是一种高级的智慧。有幽默的地方就有智慧的存在。例如，我们在课堂上讲计划时，就是讲计划要提前做，这样很不生动，如果加进幽默元素，就会变得轻松愉悦而容易被接受了。

有人说，一年之计在于春，一日之计在于晨。但是我们发现这话不对，一日之计在于晨，那是早上才想一天的计划；一年之计在于春，到了春天才想一年的计划，这已经晚了。我想，做计划不是在春天，不是在夏季，也不是在秋季，而是《大约在冬季》。

这里用了一首流行歌曲的歌名，就产生幽默感了，如此说明计划要提前做的道理直观明白，不乏幽默感。再如讲承诺管理的时候，如果泛泛地讲会是这样的。

> 承诺管理是双方通过一定的承诺，以契约方式来加强执行力的一种管理方式。承诺管理有什么？有承诺的标准和可衡量的标准。如果承诺的标准和衡量标准都不清楚的话，承诺很难被兑现。

这样讲很枯燥，那么我们换一个角度加入一些幽默元素。

> 大家都知道，现代人离婚率很高，为什么离婚率高，是因为承诺的原因导致的。现在的年轻人都喜欢唱一首歌，叫“要问我爱你有多深，月亮代表我的心”。这意味着什么？未来的婚姻会有阴影。为什么？月亮、月亮，初一十五不一样，将来有一天变心了，可别怪我当初没有告诉你——月亮代表我的心。所以心是会变的，是不是？
>
> “月亮代表我的心”经不起时间的考验，而我们的古人说“海枯石烂心不变”就很好。海枯石烂和人的生命过程相比，那是多么长的时间!月亮却是短短的半个月就变了。

这样一讲，效果就会大不相同。

4.6 课程设计的三大技能

4.6.1 PPT课件制作的艺术

PPT 课件的制作标准讲究六性原则，即体系严谨、内容安全的科学性；简单易学、即学即效的实用性；形式统一、制作专业的规范性；形式新颖、寓教于乐的娱乐性；观点高明、启迪智慧的启发性；事例新鲜、资料翔实的创新性。

1．编制最适合的 PPT 教材（PPT 的三级页面）

制作 PPT 课件的时候，有这样一些基本规则。

- 一级页面

所谓一级页面就是整个课程的“封面”。一级页面用字为：

字体——Arial

字体颜色——咖啡色/红色/白色

字号——40～48 号

其他字号——20～36 号

图表——至少一幅

● 二级页面

二级页面就是课程的单元页面。二级页面用字为：

字体——Arial

字体颜色——咖啡色/红色/白色

字号——36～40 号

其他字号——20～36 号

图表——至少一幅

● 三级页面

三级页面就是正文了，用字为:

字体——Arial

字体颜色——咖啡色/红色/白色

字号——18～28 号（小于 18 号在大教室后排学员会看不清楚）

图表——至少一幅

2．设计最引人注目的字与表（PPT 的字与表）

● 字体

黑体和宋体较为适宜，也有的企业培训师更青睐华文中宋，这样的字体中西皆宜。尽量少用楷体、隶书，因为它的中国特色太明显了。

● 字数

在每一页 PPT 上不要超过 10～12 行内容，可以使用“加黑”来实现强调的效果，每一行文字不要超过 6～8 个词组。

● 图表

一般来讲至少要有一组图表来讲解一个案例，在图表中要加上明确的数字。

3．演示最佳的色彩方案（PPT 的色彩）

红色、蓝色、黄色、白色、黑色都是 PPT 经常使用的标准色。背景颜色一般会用浅色系。尽可能不用白色，它与文字颜色反差太大，会很刺眼。在选择色彩时遵循以下几个法则。

● 总体平衡，区域对比

每一张 PPT 的整体色彩效果应该是和谐、平衡、协调的，当然这并不排斥局部区域，可以选择些强烈的对比色彩。

● 母版深浅，时长定夺

以 2007 版 PPT 为例，系统会提供 12 种定制母版的样式。新培训师在没有色彩搭配经验时可以根据需求自由选择，这样会使 PPT 编辑设计更有效率。如果自主设计母版，要根据课程时长来确定背景深浅。如果不足 1 小时，那么一般利用深色作为背景（文字颜色要浅，否则学员会感到很吃力）。如果课程时间超过 1 小时以上，那么就应该使用浅色做背景（文字色要深，避免刺眼），以保证更好的视觉效果。

● 色彩多寡，因需而定

可以根据内容的需要，分别采用不同的主色调（PPT 页面的色彩主倾向，指面积较大的色块）。除特殊需求外，主色调不要超过两种（须运用同色系的颜色进行搭配），配色也要控制在两种以内，不要将所有颜色都用到，PPT 毕竟是教学工具，过度的“花哨”只会让学员反感。PPT 色彩的视觉效果，对营造不同的课堂氛围起着极大的帮助。如凡是带红、橙、黄的色调都会带给学员感性、温暖、活力的感受，凡是带蓝、青、绿的色调都带给学员理性、冷静、稳重的感觉。

4. 设计 PPT 的动画效果

在现在的教学中我们大量用到 Powerpoint 来制作课件，Powerpoint 确实是比较好用的演示工具。它功能强大、制作方便，能与多种电子视听媒介连接，是职业培训师在培训中最常用的工具之一。

PPT 的制作和使用技巧

打开电脑的 PPT，单击“空演示文稿”，然后单击“确定”按钮。在“新幻灯片”的对话窗口里选择“普通幻灯片”，然后就可以把这个作为一个模板使用了。

在菜单“视图”一项中单击“幻灯片母版”。默认的 PPT 母版幻灯片设计模板就会出现在计算机屏幕上。母版上有 5 个区，要保持母版格式的简单，为后面的变动留出更大的余地。

假如想改变色彩或者提示演示重点，可以在母版幻灯片上做出改动，而不要在每张幻灯片上改，这样会更加统一。

避免使用太多不同的字体，使人感到眼花缭乱，最多使用两种或者三种字体即可。

假如需要使用上标或者下标，如 H_2O 的形式，涂黑要改变的文字，然后在字体菜单上选择适当的按钮。

幻灯片承载信息的数量和质量很重要。制作幻灯片之前，如果能收集到丰富的信息，会为制作高质量的幻灯片打下良好的基础。同时，充实的资料是培训时的重要素材。要收集的资料包括数据、案例、图片、表格以及影片等。

演示文稿应该有一个整体结构。在制作培训课程时要考虑整体的结构，一个清晰的结构，会给学员留下深刻的印象。但结构不是一成不变的，应该根据每门课程的特点和学员的具体情况，很好地应用插入、删除幻灯片等功能调整结构和文字，不断改进完善，使演示文稿更富有效果。

完成幻灯片的制作后，还要考虑解说的内容，即如何准确地向学员表达幻灯片未直接传递的那部分信息。可以读出幻灯片上列示的每个项目，并提前就下一张幻灯片的有关内容进行介绍。一般来说，每张幻灯片所用的解说时间为 1～3 分钟比较合适，解说稿的容量按照一般人 3～4 分钟读 400 字来设计，不要过多，也不要过少。

幻灯片的放映次序很重要。培训师在培训中用于演示的幻灯片，通常是配合培训中的其他活动和形式交互进行的，因此，从开始放第一张幻灯片到最后一张幻灯片的次序很重要。可以将每张幻灯片串在内容线上，使幻灯片的演示与课程内容相互配合，融为一体。

这里说的是幻灯片里的动画效果，以及幻灯片之间的过渡效果。虽然它们能够增加趣味性、聚焦性和重要性，但过多地使用，可能分散人们对主要信息的关注度，所以运用动画效果要适度。

制作动画效果的程序是：单击菜单中的“放映幻灯片”按钮，然后单击“自定义动画”按钮，在下拉框里单击时间栏，然后单击需要产生动画效果的对象，接着是“动画顺序”，最后单击“效果”按钮，选择想要的效果。

5. 图表和表格的引用

为了确保可靠性，应该先在 Excel 中制作图表或在 Word 中制作表格，然后把它们链接进 PPT。

打开“插入”菜单，选择“图表”，这时会打开一个数据表格，同时在幻灯片上插入图表。这时在数据表中所显示的行、列以及数据都是示例数据，你可以按照自己的需要，输入相应的行列名称和表格数据，这时图表也相应的发生变化。

需要注意的是，一旦使用了PPT中的图表选项制作图表，双击进入或者退出图表时，由于某种原因可能会对数据造成破坏。

6. 音乐和视频的播放

音乐和视频可以促进人的记忆能力、想象能力和情感体验能力等的提高。因此，把音乐和视频有机地结合于培训的过程中对于提高培训效果很有帮助。当然这不是说在培训过程中要连续不断地播放音乐、视频，而是借助音乐和视频达到以下目的。

- 使学习环境变得比较温和、人性化和充满生机；
- 使人的情绪放松，思维敏捷而开放；
- 为学习者创造积极的氛围；
- 给大脑“升级”；
- 促进多感官的学习；
- 改善学习的效果。

音乐和视频影响情绪，而情绪影响学习。适当的音乐和视频有助于大脑放松、活跃，从而使人更好地发挥出自己的学习潜能来。

音乐和视频可以创造一种亲切、温馨的气氛，使学习的环境变得柔和，使烦躁的心平静下来，激发学员的学习兴趣，让学员在轻松的气氛中充满活力地学习。

好的音乐和视频可以提高学习的效率，选择的音乐和视频应根据学习者的情况和文化程度而有不同，不要太教条，不要太僵化，这是非常重要的。音乐是否合适，主要还是看其是否帮助学员提高了学习的效果、提升了学习者的素质。

7. 设计PPT的排练计划

应用PPT独有的排练计时功能，对不符合规定演示时间的地方进行调整。演示时间如果超过规定的时间，就要适当加快解说的语速，或调整内容，减少幻灯片数量，再重新计算时间。相反，时间充裕时，就要注意放慢解说速度，或适当增加内容，添加幻灯片，再重新计算时间。

8. PPT精彩案例分享

我们已经讲了设计一门精彩课程所涉及的几个元素，如果能够在课堂上将这几个元素灵活运用，课堂一定会精彩纷呈。如我们在讲盈利模式时，用了“凤凰展翅之谜”这个案例。在这个案例里面我们综合应用了前面讲到的这些元素，学员听过这个案例后，不仅对课程的内容记忆深刻了，而且体会到其他更多的东西。

> 我们都知道凤凰卫视，它的投资很少，可以说是省级台里投资最少的电视台。但它为什么会做得这么好？从当初只有一档节目《相聚凤凰台》到后来几十档、上百套节目，变得这么火？就是因为它改变了盈利模式，和别人常规的赢利模式不一样。
>
> “优质的采编加优秀的播音等于优秀的节目”，这是人们通常认可的电视的商业盈利模式。但是，凤凰卫视的当家人刘长乐却改变了业内的这一盈利模式，总结出凤凰卫视自己的新模式，叫作“剪刀加口水等于优秀节目”。
>
> 收视率很高的《凤凰早班车》就是“剪刀加口水”的经典。同样的新闻，别人花了几万元甚至上百万元到现场去采访，或者直播半个小时。但是，凤凰卫视不这么做，而是让主持人陈鲁豫坐在荧屏前读报纸，边读边点评。结果，收视率却高得多。
>
> 原因就在于陈鲁豫加入了自己的观点，运用了许多情感元素的设计方法。例如，她说，现在发生的战事是两个大人打一个小孩。这两个大人，一个姓英，一个姓美，一起打一个姓伊的叫伊拉克的小孩。然后她又说，布什总统自认为是班主任，但是他的班上出现了问题生伊拉克，在解决这个问题的时候，班主任大打问题生，等等。听众听了，就感觉很有趣。
>
> 相反，如果一个播音员只是照本宣科，就无异于机器人了，因为这里没有情感的交流，没有观众的参与，没有观众的评价。“超女”节目能火，道理也在这里，它给了观众一种自我满足感。
>
> 最好的节目是观众参与的节目，所以，凤凰卫视制作了大量类似的节目。当记者问凤凰卫视发展这么快有什么诀窍时，刘长乐如此总结：人有我新，人新我好，人好我变。

大家知道，讲盈利模式，本来内容是比较枯燥的，不容易使听众听得投入，但加入了精彩元素之后，这课程就大受欢迎了。还有讲沟通的课程，与领导沟通和与部下沟通，在方式上有许多不同。简单来说，和领导的沟通方式更趋向于父亲般的沟通方式，比较严肃；和部下的沟通方式更趋向于母亲般的沟通方式，比较温柔。循着这一思路，通过比拟化的、充满情感的方式，其中再穿插一些幽默元素，就会收到很好的课堂效果。

4.6.2 素材的收集与整理

1．素材的种类

通常素材有多媒体素材、文字素材、图形图象素材、声音素材和视频动画素材 5 种。

2．文字素材的收集与整理

文字素材收集根据资料编写，从印刷资料中获取、通过网络下载获取和文档数据库获取。

介绍网络搜索技巧：普通的搜索只要在网页搜索就可以完成，但是有时候需要 word 文档，就可以采用一些特殊方法来搜索。下面就说说我最常用的一招，用百度搜索引擎直接快速搜索 word 文档和 ppt 课件。在互联网上很多有价值的资料并不是普通的网页，而是以 Word、PowerPoint、PDF 等格式存在。恰好百度就支持对 Office 文档（包括 Word、Excel、Powerpoint）、AdobePDF 文档、RTF 文档进行了全文搜索。其实，要搜索这类文档，很简单，在普通的查询词后面，加一个“filetype：”文档类型限定。“Filetype:”后可以跟以下文件格式：DOC、XLS、PPT、PDF、RTF、ALL。其中，ALL 表示搜索所有这些文件类型。

◆实践练习

1．在百度中输入“朱自清 背影 filetype:doc”；

2．ttp://www.baidu.com/s?bs=%D6%EC%D7%D4%C7%E5+%B1%B3%BE%B0filetype%3Adoc&f=8&wd=%D6%EC%D7%D4%C7%E5+%B1%B3%D3%B0filetype%3Adoc 中选”朱自清《背影》英译 2 种.doc - 下载 - 共享资料 “

3．在 http://ishare.iask.sina.com.cn/f/7646888.html 中单击”点击下载“。

文字素材整理通常有制艺术字、删除空行、生成目录和插入批注 4 种情况，当从网上下载的文字资料有很多空行时，掌握一些技巧可以快速完成整理，如何快速删除 WEB 文章中的空行，介绍小技巧。

◆快速删除空行小技巧

一、快速删除 Web 文章中的空行

1．单击“编辑”—“替换”—“查找和替换”—“高级”；

2．在“查找内容”框中输入 2 个“特殊字符”中的“段落标记”；

3．在“替换为”输入框中输入 1 个“特殊字符”中的“段落标记”；

4．在“搜索范围”列表中选择“全部”，

5．最后单击“全部替换”按钮，空行便被全部删除了。

二、获取禁止拷贝型文本资源途径

① 在该网页菜单栏中选择“查看”——源文件，在源文件中就可以找到需要的文本资源；

② 在该网页菜单栏中选择“文件”——使用 Micorosoft Office FrontPage（word）编辑，然后直接复制需要的文本资源；

③ 在该网页菜单栏中选择“文件”——“另存为”，在保存类型中选择“网页仅 HTML”或“文本文件.txt”，然后找到网页保存位置，打开网页直接复制即可。

三、自动生成文章目录

（一）设置标题格式

1．选中文章中的所有一级标题；

2．在“格式”工具栏的左端，“样式”列表中单击“标题 1”。

仿照步骤 1、2 设置二、三级标题格式为标题 2、标题 3。

（二）自动生成目录

1．把光标定位到文章第 1 页的首行第 1 个字符左侧（目录应在文章的前面）；

2．执行菜单命令“插入/引用/索引和目录”打开“索引的目录”对话框；

3．在对话框中单击“目录”选项卡，进行相关设置后，单击“确定”按钮，文章的目录自动生成完成。

四、快速进行大小写转换

1．选中原先输入的一段大写或小写的字母进行转换；

2．按下 Shift＋F3 组合键；

3．即可完成在大写、小写和首字母大写间的转换。

五、运行宏命令

1．依次点击“工具”—“宏”—“录制新宏”；

2. 在“录制新宏”中设置好“宏名”和“将宏保存在”的位置，确定；

3. 进行相关的操作；

4. 完成操作后点击“停止录制”。

3. 图形图象素材收集与整理

图形图象素材可从印刷资料中获取、从截图软件中获取、网络下载、从网络教育资源库中获取、从绘图软件中绘制图形。

图形图象整理可以通过绘制、复制和截图来进行，常用截图方法有 4 种。PrintScreen 截屏键、SnagIt、QQ 下组合键和暴风影音抓图。下面介绍两种常用整理方法。

◆PrintScreen 截屏键

1. 按一下 F12 键右边有一个“Prc sys”健松开；

2. 点击“开始”—“程序”—“附件”—“画图”打开画图程序；

3. 点击“编辑”—“粘贴”(或同时按下 Ctrl+V 组合键）即可把整个屏幕复制下来。

◆ SnagIt

1. 双击 SnagIt 运行该程序，选择一种方案，如“范围”；

2. 点击右下角的“捕获”按钮，选定捕获的范围；

3. 点击“输出”对捕获的图片加以保存；

4. 点击“完成”退出 SnagIt 图片预览。

4. 声音素材的收集与整理

声音素材可以从网格中获取、用软件创作、用计算机声卡录制、计算机 MIDI 接口获取、从 CD 或 VCD 中直接捕获、用已有光盘中声音素材 5 种方式等。以下介绍收集的技巧。

◆录音前的准备

1. 鼠标右键单击电脑右下角的“音量”图标；

2. 单击“打开音量控制”，弹出音量控制对话框；

3. 单击“选项”—“属性”，打开“属性”对话框；

4. 在“调节音量”中选择“播放”，在“显示下列音量控制”中选择相关选项，点击“确定”；

5. 单击“选项”—“属性”，打开“属性”对话框；

6. 在“调节音量”中选择“录音”，在“显示下列音量控制”中选择相关选项，点击“确定”；

7. 在“录音控制”里选中“音频混合器”，退出。

◆利用话筒录制声音的步骤

① 将麦克风插入计算机声卡中标有麦克风标识的接口上；

② 设置录音属性。右击“音量”图标——调整音频属性——音频

③ 录音。运行录音机程序，单击红色录音键，就能录音了。

④ 保存。文件——保存将文件命名保存。

⑤ 设置声音格式。在“另存为”对话框中单击“更改……”按钮。

◆从 CD、VCD 中获取声音素材步骤

① 将 CD、VCD 光盘放放光驱；

② 运行超级音频解霸；

③ 选择“文件”——“打开一个文件”命令，打开一个影音文件；

④ 开始录制 CD、VCD 光盘中的声音；

⑤ 单击“保存为 mp3 格式”按钮，将录制的声音保存为 MP3 格式的文件。

◆录制计算机播放出的声音步骤

① 双击计算机桌面右下角的喇叭图标，打开“音量控制”

② 选择菜单“选项”——“属性”，打开属性对话框。

③ 在“调节音量”中选择“录音”，可以看到录音音量列表。

④ 在录音音量列表中，根据录音的来源，适当勾选。

⑤ 打开音乐播放器，播放音乐，接着打开 Windows 录音机，开始录音。

⑥ 录制完成后，命名保存。

◆录音的两个软件

1. 会声会影 10；

2. 音频解霸。

声音素材的整理，又称为编辑，通常有 3 种方法，即剪辑合成，提取伴奏和格式转换。下面介绍声音素材整理技巧；

◆声音合成——CoolEdit Pro 2.0

① 启动 CoolEdit Pro2.1 软件

② 进入多音轨界面插入背景音乐波形。

单击工具栏左侧的按钮进入多音轨界面，然后右击音轨 1 空白处，插入背景音乐.mp3 文件。

③ 插入人声音频波形。选择将前面录制的人声静夜思.wav 插入音轨 2.

④ 删剪多余波形或时间。

⑤ 试听合成效果。单击工具栏左侧的按钮再次进入多音轨界面，按空格键反复试听有无问题。

⑥ 混缩合成。选择“编辑——混缩到文件——全部波形”选项便可将背景音乐和人声混缩在一起。

⑦ 保存最后成果。选择“文件——另存为”选项将混缩合成后的文件存为 mp3 格式，文件命名为“最后的成果”。

◆用 Wondershare Video Converter Platinum 剪辑铃声

◆使用 CoolEdit Pro 消除人声制作伴奏

1. 启动 Cool Edit Pro V2.0 程序，单击“文件（File）”菜单中“打开（Open）”命令，打开需要进行原唱人声消除的歌曲文件。这时在屏幕窗口上方显示出所选择歌曲的波形文件，选中整个波形文件，然后选择“效果（Effects）”菜单中“波形振幅（Amplitude）”子菜单中“声音重混缩（Channel Mixer）”命令，打开通道混音器对话框。

2. 在通道混音器对话框中，可以对立体声的左右像位进行具体设置。

3. 对话框的左侧区域为具体的左右像位量化控制区，右侧区域为一些常用的预设效果。比如，单音道转双声道、双声道同步、交换通道、人声消除等。其中的“Vocal Cut（人声消除）”效果正是我们所需要的，它可以有效去除立体声中的人声演唱部分。

4. 在此预设窗口中选择“Vocal Cut（人声消除）”选项，这时在左侧就出现了系统预置的该选项的具体量化参数。单击右上角的“Preview（预览）”按钮，即可对所选择的歌曲进行试听，你可以实时听到经过消除原唱人声处理后的声音效果。

如果对处理效果不满意的话，还可以在左侧的控制区按照需要调整左右像位的具体参数值，直到满意为止。单击“OK”按钮 Cool Edit Pro 就会立即对所选择的歌曲进行正式的人声消除效果处理。处理完成后，系统加返回到主界面窗口，选择“File”菜单中“Save As”命令，将处理后的歌曲文件保存到计算机中。

另外，要了解音频格式转换的 5 种方式：

1．千千静听“格式转换”功能。

2．CoolEdit Pro2.1 的“另存为”功能和“批量转换”功能。

3．录音机的“另存为”功能。

4．用 FormatFactory 进行格式转换。

5．用 Video Converter 进行格式转换

5．视频动画素材的收集与整理

视频动画素材的收集一般依靠网上搜索，通常采用 5 种方法：临时文件搜索法、查看源代码法、“迅雷”智能探测法、维棠下载 FLV 文件和用优酷土豆网插件。具体操作技巧如下：

◆用超级解霸（会声会影）采集视频素材方法

① 用超级解霸（会声会影）播放 VCD、DVD；

② 单击工具栏中的“循环/选择录取区域”按钮使之激活，并在适当位置确定“开始点”和“结束点”；

③ 单击“录像指定区域为 MPG 或 MPV”文件按钮，打开“保存数据流”对话框，键入文件名，设置好保存位置、文件类型，单击“保存”按钮，开始转换。

◆网上搜索视频动画素材

① 临时文件搜索法

（1）启动 IE 浏览器，打开“工具”——“Internet 选项”，在“Internet 临时文件”处单击“设置”按钮；

（2）打开位于“C:\Documents and Settings\Administrator\Local Settings\Temporary Internet Files”临时文件夹；

（3）找到扩展名为 Swf 的文件，即网页上刚刚看到的 Flash 动画文件。

② 查看源代码法

（1）当浏览网页的 Flash 时，如果 Flash 没有在页面上给出全屏欣赏或下载链接，用户可以打开 IE 菜单上的“查看”，单击“源文件”按钮。

（2）在“编辑”菜单中点击“查找”，在弹出的对话框中输入“.swf”，按”查找下一个”，即可查找到 Flash 的 swf 文件,获得 swf 的源地址。

③ “讯雷”智能探测法

（1）安装讯雷(非 Web 讯雷)；

（2）打开”配置”选项,在”监视”中”浏览器”项中选中”在 Flash 和流媒体文件上显示下载图标”和”网页智能分析”项。

（3）打开相应的 Flash 网站,只要将鼠标放在 Flash 动画上，便会出”下载”按钮”，接下来单击“下载”按钮即可。

4.6.3 培训游戏的恰当应用

游戏法是指按照一定的游戏规则带领学员完成任务的方法。游戏法近些年来在教学中被广泛应用，由于其参与性较强，互动性较好，因此培训中的气氛较活跃。在游戏中，人人可以激发出自己全部的潜力。游戏中的无阻碍感可以使人释放能量，训练身心的整体感，并且使人自身更富有活力。并且，通过做游戏所创造出来的愉悦气氛对学员获得良好的学习效果有重要作用。

游戏法一般用在培训学员的团队精神、创新精神、发现和解决问题的能力、开发学员潜能等方面的课程中。

近期的一些研究表明，大多数人在不同场合，注意力最集中的时间是 10 秒到三四分钟不等，对生动活泼的游戏，学员的反应最为强烈，注意力集中时间最长。游戏作为培训的辅助方法，是为达到特定培训目标而使用的，不能把它当成纯粹的“游戏”，应该根据培训的目的、内容适当选用。在整个培训过程中，进行游戏的时机应慎重选择，避免与内容相脱节，认真考虑在何种阶段加入何种游戏。在选择游戏的时候，要注意从以下 4 个方面考虑。

- 趣味性——游戏要能够引起别人的兴趣；
- 简便性——不能选择过于复杂的游戏；
- 创造性——能够激发学员的创新思维；
- 教益性——能够收到良好的教学效果，如现在网上流行的所谓“杀人游戏”，就不适用在管理培训中。

但是，我们很多培训师在应用游戏法时，往往效果不佳，甚至现场变得非常混乱，游戏难以进行下去；有时候，游戏做完了，学员还没有领会到游戏所要传达的道理，或者领会得不够深刻，那么，如何避免这样的不足?应用游戏活动法的时候要注意以下 3 点。

1．制定明确公正的游戏规则

没有明确公正的游戏规则，游戏就会无章可循。所以，我们在设计游戏的时候，对比赛的规则要进行细化和量化，同时，在向游戏者阐述规则时，要确保每个人都能够理解。

2．游戏要追求结果

游戏本身不是目的，而是通过游戏的结果使学员对培训内容有更加深刻的认识。在一些引入竞争的比赛性游戏活动中，要有最终的胜负者。游戏活动结束后由培训师和小组代表来共同确定胜负结果，并予以当众宣布。

3．要进行分析评述

游戏活动使学员有了感性认识，培训师的分析和评述使学员对培训内容有了更深入的理性认识。成人的学习更多的时候在于一个“悟”字，通过游戏，让参与者自己去悟自己真正需要改进的地方在哪里。

在整个游戏过程中，培训师要充当组织者与观察者的角色，创造活动的气氛，保证游戏规则的公正透明，同时根据现场情况适当调整活动进程，处理各种突发事件，控制游戏时间。

在观察的时候，要注意观察团体及个人的行为，洞察其行为心理，以便活动结束后进行评价、总结。游戏中受训者可能会“犯错误”或者“误入歧途”，此时评价、总结要切中要害，使学员能通过游戏对所学习的知识有所顿悟。注意积累各种训练游戏，充分了解游戏的方法、规则、目的、效果及游戏的优缺点，以便针对培训目标、内容做适当选择，合理安排游戏的插入点，保证游戏的顺利进行，使游戏起到应有的辅助训练的作用。

5 从过程到成果，成为职业培训师

5.1 加强目标意识

5.1.1 目标管理

每个人都有巨大的潜力，但大部分人却没有将潜力完全挖掘出来，需要一个触媒来激活其内在的能量。怎么引发这种聚变呢？

超越平常的安全线，挑战高出自己能力的目标，这个目标是需要付出一定努力、创造条件才能实现的目标。然后把你所有的精力聚焦于这个目标，不断地强化它，让它与你所有的行为融为一体。

在这个过程中，就像射箭一样，人需要不断地调整角度、姿势，看清楚目标，并且牢固地锁定目标，才能准确地击中它，进而改变自己的人生！

5.1.2 结果的好坏要有奖罚

“光荣与梦想”是深藏于每个人心底的一种伟大配置，它所产生的动力与激情，可以改变世界上的一切，包括人类自身。威廉·曼彻斯特写的《光荣与梦想》里就描述了这种激情与动力。“光荣与梦想”引导我们克服所有的失败与挫折，并且提供永不枯竭的动力之源，成就我们心中的渴望与追求。

大声读一读“光荣与梦想”这 5 个字，你会感觉到一股神奇的力量开始在你体内涌动。

5.1.3 团队的目标要一致

师资系统是指企业培训师的组成结构，由专职培训师、兼职培训师、外聘培训师构成。

● 内部培训师的招募

“不能教导则不能领导”一般来讲，企业（部门）管理者都是企业（部门）的首席培训师资，作为管理者，本身就有培训下属及训练员工的职责，至少可以胜任讲授本专业课程。同时，也可以采取公开招聘的方式，对于认为自己有能力的员工，可将其开发的课程申报培训部门，待经过公开评审后，合格者将获得内部培训师的资格。

● 内部培训师的级别评定

对培训师进行级别评定，应本着循序渐进的原则，由低到高依次设定等级。晋升等级时，要对培训师的演讲能力、课堂组织能力、研究开发能力进行不同权重的考量。例如，初级培训师的评定权重为 60%的演讲能力、30%的课堂组织能力、10%的研究开发能力；中级培训师的评定权重为 40%的演讲能力、30%的课堂组织能力、30%的研究开发能力；高级培训师的评定权重为 20%的演讲能力、30%的课堂组织能力、50%的研究开发能力。培训部门要设立专门的《师资台账》，从培训师的授课课时、学员满意度、专业经验积累、专著编撰等维度，进行综合登记和管理。企业培训师所讲授课程的登记，须为企业所指定的培训课程。外部培训师讲授课程的登记，应为其主修专题课程。

5.1.4 找到实现目标的方法

培训只有实现 3 个方面的转化，遵循“三一律”，才能够真正产生绩效。培训就是以职业者为主体，以培训师为主导，宣导理念、训练技能、解决问题、改变个人行为，进而提升组织绩效的活动。宣导理念、训练技能、解决问题是培训的内容，改变个人的行为是培训的目的，而提升组织的绩效是培训的最终目标。

培训如果与组织绩效无关，就不叫作组织培训，只能叫作学历教育。学历教育注重的是学生综合素质的提升，而培训是要能快速提升组织绩效。如果对学历教育和培训教育分得不够清楚，用学历教育的思维方式来做管理培训，那就很难收到应有的效果。

如果说培训低效是因为不遵守现代培训的“三一律”的结果，那么，培训师和培训管理者没有清楚认识到学历教育和培训教育的区别，没有真正认识到培训师所肩负的使命，才会出现不遵守现代培训“三一律”的情况。

1．学历教育和企业培训的区别

其实我们经常会看到，许多学院派教授讲课时，上来就讲第一章第一节……讲完历史讲展望，结果自己口干舌燥，学员却表情木然，就算有互动，也是学员站起来说：“老师，这些我们已经学过了……”学历教育和企业培训的 4 个区别，见表 5-1。

表 5-1　学历教育和企业培训的 4 个区别

	教师	培训师
目标	高素质	高绩效
内容	系统性	针对性
时间	阶段性	终身性
方法	累加式	裂变式

2．高素质和高绩效的区别

教师（Teacher）和培训师（Trainer）在工作目标上有本质的不同。教师的目标是造就高素质的学生，学历教育的宗旨是培养学生的综合素质。教师如同苗圃里的园丁，要的是所有树苗都能茁壮成长。所以，学历教育是系统工程，不是一两堂课就能够解决问题的。

培训师的目标是使学员达到高绩效。一次培训不可能长达三四年时间，培训师也不可能在短期内对学员的综合素质产生多大的影响。培训师只能通过提高学员某些方面的能力，为企业创造更多的价值。

3．系统性和针对性的区别

学历教育一定要系统，例如，学中国历史就要从混沌时代讲起，讲到大禹治水，讲到秦灭六国，再讲到鸦片战争、“五四”运动……而讲人力资源，就要先讲人力资源的发展史，再讲招聘，最后讲薪酬和激励，等等。

但是，这样全面系统地给企业老板、人力资源经理授课，没有任何意义，只有类似于“当前高科技人员管理的几个关键问题”“知识型员工的管理”才是适合他们的培训课题。

如果把人力资源培训课程的大部分时间花在讲人力资源的发展史上，用最后一点时间才联系一点实际，那是素质教育，不是培训教育。素质教育讲究的是系统化和标准化；培训则不同，培训讲究的是针对性。例如，“IT 企业如何制定自己的蓝海战略”才适合于做培训课题，是非系统性的。

4．阶段性和终身性的区别

学历教育具有阶段性，从小学、中学、大学到研究生教育，每一阶段都有若干年的时间。培训则是一次性的，也就几天、几堂课的工夫。表面上看，学历教育时间长，培训教育时间短，但是，从本质上看，学历教育是阶段性的，培训教育才是终身性的。管子说：“一年之计，莫如树谷；十年之计，莫如树木；终身之计，莫如树人。”学历教育是不能进行一辈子的，只有培训教育才具有终身性。

5．累加式和裂变式的区别

从学习方法上看，学历教育是累加式的，培训是裂变式的。系统化的教育，就是在学习者掌握一种知识的基础之上再加上一种新知识，如这学期学市场营销学，下学期再学商品学，然后再学广告策划学，等等。培训则专注于让人原有的知识产生裂变。积累只是堆积能量，裂变才能导致能量的爆发！

学历教育是十年铸一剑，培训则是三天开刃。十年铸一剑，可能最终还是不锋利，但是宝剑三天开刃，就可以削铁如泥了，这就是培训的功能。如果有人说培训是长期的任务，不可能短期见效，那他就是在找借口。

那么，培训师的职业使命是什么呢？传道、授业、解惑，这很贴切地说明了现代培训的特点。宣导理念，就是传道；训练技能，就是授业；解决问题，就是解惑。用现在的话讲，培训师的使命主要有以下 4 种。

（1）传导——把知识传授给他人

把外在的知识转化为学员内在的素质和能力，其实就是靠传导实现的。PTT 培训就是要把我们在培训上的多年研究成果和实践经验传导给更多的人，让更多的人成为优秀的培训师。

（2）放大——放大自己的能量

培训师要用自己的知识激发别人的能量。如果你是经理人，你只是一个企业的财富；如果你是培训师，那就是全社会的财富。因为你的知识让更多的人享用，你放大了自己，你由一个“小我”变成一个“大我”。放大自己的能量，就是培训师的使命。

这次培训值一亿元

某大集团公司准备上市，其战略思路是，上市之前先进行战略调整与组织变革。其老板在接受了战略管理方面的培训后，就改变了原有思路。因为他了解到，当时的股市非常低迷，如果此时上市，只要稍有风吹草动，股价就会立刻下跌，动辄造成上亿元的损失。企业要进行组织变革，必然要动大手术，这会引起市场的强烈反应，而这在当时的形势下不可行。

于是他重新进行战略部署，先全盘稳定，然后择机上市。上市稳定之后，再做组织变革，结果该公司的股价一路攀升。而当时还有一家准备上市的公司，由于先做了组织变革，结果瘫痪了。事后，该集团公司老板深有感触地说："这次培训值一亿元！"

（3）延伸——延续自己的职业生命

培训师的职业寿命是有限的，但是知识可以传承，培训师可以在别人的身上延续自己的职业生命。例如，通过你的讲解，你让别人少走了 3 年的弯路，那么你就在别人的身上延伸了自己 3 年的生命；如果你培训了 30 个人，那就相当于延伸了你 90 年的生命，这就是一个培训师的价值所在。

（4）回馈——让自己得到升华

培训师帮助别人，自己得到了什么？除了讲课费之外，培训师自己也获得了成长，因为教学相长，互相帮助。你的学员都是职业人士，他们会质疑，会和你讨论，在很多时候，学员就是你的老师——你在这个方面是他的老师，他在别的方面绝对是你的老师。

当然，更重要的是回馈社会。佛教中有"回向法界"一说，"回向"就是服务，意思是说成就自己的智慧德能之后，就要为大众服务，将自己的智慧德能贡献给社会。贡献智慧比贡献钱财更伟大。

5.2 进行有效沟通

5.2.1 沟通的价值

我们说沟通从心开始，可是心在哪里？心无形，但行却有形。无形的心态、信念、观念会表现在每一个细节与行为上。就像打领带一样，领带很漂亮，领带结却很"胖"，并且松弛着，像一个发福的肚子，这样一个"肚子"挂在脖子上会让人有什么感受？如果是在一个正式签约的场合，肯定是"合作伙伴很生气，后果很严重"了，因为对方会认为你不重视他们，是在凑合应付。

所以说，一切从心开始，不仅要细致，更要深入。在这一点上，言行一致是我们追求的最高境界。

5.2.2 选对沟通方式

双手前伸，掌心向上——让我们交流一下，打开沟通的大门。

很明显，这是友好的手势，表明了自己把心敞开，渴望真诚交流。

在外部培训师对企业实施培训项目前，首先要明确以下 3 项内容。

1．选“吉日”

预约外部师资的培训时间，外部师资日程往往排得很满，培训师的档期有限，况且培训师也需要为调研、撰写课题大纲、制作培训课件、准备培训物资做准备。这样才能保证培训质量，所以选“吉日”要趁早。一般来讲，提前一个月预约较为稳妥，如果企业培训时间确定为周六（日），最好提前一个半月至两个月预约较为理想。从笔者在与某些大学 EDP（The Executive Development Programs，高层管理者培训与发展中心）的合作经验来看，他们习惯于本学期末（每年 1 月初或 7 月初）预约下学期（3 月至 6 月或 9 月至 12 月）的培训时间，这样提前预约也就拥有了优先权。很多时候，预定的培训时间与外部师资的行程相冲突，同一时间不可能给两三家企业做培训，培训师没有档期，企业又不想更换别的培训师，这怎么办？遇到这样的情况不妨“搏”一下，一般来讲培训师所在的培训机构总是以签订培训合同的时间为准进行取舍的。

2．下“聘礼”

企业在与外部师资确定培训时间后，首先，要着手准备培训合同，协商合同款项。其次，要将受训学员的基本情况，特别是学员的管理层级、职务、从事本岗位的时间长短、年龄、学历等与培训师进行全面的沟通。因为在同一行业内，管理层级越高的学员，对互动式培训越反感，越年轻的学员在培训中越活跃；从培训内容的严谨度来看，技术干部要比拓展干部要求更高。最后，对于培训中的设备、设施要全方位地核实和准备。

3．见“长辈”

所谓“丑媳妇终要见公婆”，对于首次合作的外部师资，在培训前，要尽可能安排与组织领导见面商谈，这对于提前防范风险是十分必要的。因为组织的培训需求往往是组织领导要求的体现，如果培训后出现了“学员认可、领导不满”的评价，那么会直接影响未来培训的开展。

4. “结婚”登记

当企业与外部师资达成共识后，最后就是签订合约。众所周知，签订合约如同结婚登记，无非是为了约定双方的权利及义务，那么，在签订培训合约时应注意哪些呢？

（1）“新房”从哪儿来

确认培训场所和所需设备、设施，这直接关系到培训成本。通常情况下，企业与外部师资在不同的地域，那么培训师经常是上门培训的（户外拓展培训除外），这时候，培训所涉及的设备、设施，由企业方按照培训师的要求进行准备、摆放、布置，这需要在合同中明确。

（2）“花车”到哪儿接

如果培训地与培训师所在地非同城，那么一般由企业方负责提供接待服务。特别是在交通不发达的地区企业，培训师舟车劳顿、异地奔波，实属不易。与其让他在交通食宿上浪费精力，还不如把这份精力投入到企业的培训上来。再者说，企业提供接待，也体现了企业对培训师的尊重与呵护，这也为以后的培训合作打下情感的基础。

（3）“嫁妆”有多少

我国的相关法律法规，没有对培训咨询项目费用做出指导性的报价，所以导致培训咨询市场的项目报价一直不太规范。而现阶段，某些著名培训师也有向“娱乐界”发展的趋势，增加曝光度、争夺上镜率，国外更有甚者，退休领导人“华丽转身”进入培训界，一日赚取百万元、千万元，令人瞠目。那么，作为企业要清醒地认识到，开展培训活动邀请培训师，达到的目的无外乎让员工的行为得到改善。让企业的绩效得到提升。培训投资不是买培训师名气、买培训师品牌和他在电视媒体的曝光率，而是买知识、买方法、买方案、买改善、买提升。一天的培训费用超过10万元人民币，基本属于“抢劫”，可以果断放弃。作为职业培训师，培训报价在3万～5万元人民币（以一天为计）较为靠谱。那么，此期间的“度”怎么把握呢？关键在于这位培训师培养了什么样的学生、辅导了什么样的组织，而不是他拥有怎样的头衔、出了什么样的著作。

5.2.3 掌握沟通路线

人们都在以自己的角度观察和认识世界。在这样的多棱镜里，你看到的并非真实的世界，只是无数个和自己一样的人在以自己的视角看着世界、做着自以为是的事情所组成的集合罢了，于是令你们感到苦恼的世界就这样出现了。

没有人类的时候，世界就存在着，有了人类以后，世界还是本来的世界，只是人认为世界不一样了，这就是痛苦的本源。

学会观察这个世界，不光要换一个角度，有时候甚至要换一个多棱镜。

对企业的培训课程，在设计中应不止使用一种指导方法，培训方法的专业性和多样性一也是必不可少的。

根据学员学习习性的不同，可以把培训方法分为体验式培训法、启发式培训法、互动式培训法、沙盘式培训法。根据教学目的的不同，我们可以把培训方法分为：说明——现场演示法、启发——案例分析法、趣味——游戏带动法、操作——教练辅导法。当前，企业现存的、常用的培训方法有以下 2 种。

1．拓展训练

拓展训练作为一种重要的体验式培训法，可以弥补传统教学方式的缺陷，它拥有完整的循环式学习流程。拓展训练课程里增加了体验和联系实际等环节，由学员来找出存在的问题及实用的工作方法，这样的培训效果是传统讲课式教学所达不到的。但是，拓展训练主要的难点在于:课程效果不易保持；学员分享内容的多元化，对主训师引导、总结能力要求高。

2．E-learning

简单来说，E-learning 就是在线学习或者网络化学习。即在教育领域建立互联网平台、通过网络进行学习的一种全新的培训方式。由此，也有许多衍生的学习方式，如：A-learning（Action-learning，行动学习）；B-learning（Blended- learning,混合式学习）；G-learning（Game-learning，游戏式学习）。

当然 E-learning 离不开由多媒体网络、网上学习及网络技术平台构成的全新的网络学习环境，其具有以下的几个特点。

（1）费用低

对于大企业来讲，通过 E-learning 接受培训的人数越多，单位员工的培训费用就越低，因为网络技术接受多终端在线登录。一次培训投入，就会让上千上万人同时听课成为一种可能。

（2）受限少

培训学习不再只是在教室里进行，网络技术让培训变得具有创新性，学习不再受空间环境的限制。而且培训手段也有了创新，改变了从前那种培训师讲、学员听的传统模式，多媒体技术让培训手段得到了极大的突破，训练方法也发生了新的变化。

（3）互动强

以网络技术、应用软件为基础，使教与学、学与学、学与练的交流互动更加紧密，也更加容易，进而通过这种强大的交互功能，提高培训效率，很好地保证培训效果。

（4）资讯广

E-learning 借助网络的海量数据库信息，让学员很容易就能共享到无尽的信息资讯，从而知识体系将重新划分，培训内容将发生重新组合，为跨行业、跨层次、跨领域的培训学习提供资源保证。

（5）存储易

存储空间容量巨大，如果可配合适当的应用软件，那么在技术上完全能够实现可存储、可重复、可回放，使培训管理者对培训内容的存储和制作变得简单、容易，让学员能够即时取用。

E-learning 主要的难点在于以下几点。

① 针对性不强

电子课程不同企业适用程度较低，接受培训的学员会抱怨平台上课程个性化不足、针对性较弱、不实用。

② 登录者不多

接受 E-learning 平台培训的员工，对于这种新方法的认识还有待提高，现阶段能够自愿登录学习的人数较少，且登录浏览时间不长，保持持续、稳定的学习时间非常短。

③ 研发力不足

E-learning 培训数据库的建立，必须依靠强大的后台研发团队，但目前能提供 E-learning 培训数据库的机构较多，短周期的充实和刷新，较难得到满足，高质量课程研发极大地制约 E-learning 深度推广。

5.3 真正的高手能平衡各种关系

5.3.1 平衡培训与发展的关系

培训对于企业传承文化、沉淀经验、保持和谐有着重要的意义，所以企业要健康地发展，要提高管理水平，与企业良好的培训系统是分不开的。

● 培训使企业文化得以传承

企业在发展壮大的过程中，面临一个自我复制的问题，即在新设子公司、连锁店，兼并其他企业的时候，如何保证文化、制度、员工习惯，能够复制传承下去。培训就能帮助企业达到这样的效果，保证企业整体保持高度一致，特别是规范、持续的培训，可以为企业的不同发展阶段提供强大的竞争力和凝聚力。

● 培训使经验得以沉淀

企业的文化、制度、规范、习惯都会随着人员的流动而变化，如果没有经验（智力资产）的沉淀，新员工永远处于摸索、从头开始做起的状态，浪费了时间成本和智力资源。而培训可以通过课程，总结、沉淀、放大、延伸企业卓越的管理经验、操作技术，这样既能保持企业一脉相承的稳定性，又能实现发展的高效率。

● 培训使企业更和谐

员工与企业本是一种相互“投资”的关系。培训可以提高员工的工作水平和价值，员工将这种价值投资于企业，有利于企业的发展，企业的发展为员工带来更大的收益，从而让员工更加认同与信任企业，这种良性互动为持续合作，提供了良好的情感基础。培训为企业带来更大的收益，企业就会为员工“投资”，从而创造更好的平台，使员工习惯本企业的工作和管理模式，难以习惯其他企业的工作方式，这样员工对企业的依赖性和忠诚度就会进一步增强。员工的队伍就会更稳定。

从培训对象上看，企业培训往往是上级给下级培训，这能够使下级更准确地理解上级的意图，使执行任务的默契度、准确率大幅提高，既缩短上下级之间的距离，加深了上下级之间的相互理解，又保证了组织系统顺畅高效地运转，使企业更加和谐。

5.3.2 平衡培训与战略的关系

企业培训是实施企业战略意图的一种手段，它是以赢得未来持久的竞争优势为基点，对事关企业发展的重大策划进行落实的一种有效途径，因此要用系统的思想方式来对培训与战略意图进行解析。

● 企业战略的“原点”

安索夫在《从战略计划走向战略管理》中提出“战略是以未来为基点，为赢得持久的竞争优势而做出的事关全局的重大筹划和谋略”。可以说企业战略是企业培训师开展培训管理工作的基础和准则。企业战略可以通过管理目标的分解，进而确定企业内部各部门和岗位承担的重点工作和主要任务，这样培训部门就成为企业战略性目标体系的一部分。如果企业战略没有相应的目标体系，那么就必须按照战略分析原则一步步来细化分解。

● 人才服务战略的“差异点”

企业战略发展的阶段性，决定了人才特质的差异，有什么样的企业战备就有什么样的人才需求。例如：追求成本第一的企业，需要具有团队合作，不断改良意识和成本节约精神的人才；具有开拓性思维、灵敏的反应速度、冒险精神的人才，特别适合创新性的企业战略或岗位需要。现阶段各个企业面临的主要问题，就是企业内部员工的素质与岗位要求存在较大的差距。所以，这就是为什么在就业市场上，一方面企业招不到人，另一方面大量人员无法就业。而培训恰恰是弥补这种差异的有效手段，用培训提升人才素质，适应企业战备要求。

● 培训服务战略的“热点”

培训师如果能平衡培训与企业战略之间的关系，就能真正实现培训为企业战略保驾护航的作用。如企业如果处于创业期，就应该重点抓住技术突破等操作类的培训需求；企业处于发展期，就应该重点掌握能力提升等素质类的培训需求；企业处于转型期，就应该重点关注人员角色转换等调整心态类的培训需求。

5.3.3 平衡培训与投资收益的关系

现在，越来越多的企业学会用战略的眼光来投资培训。

● 投资培训越来越多

美国培训与发展年会提到了一些数据：投资培训的公司，其利润的提升比其他企业的平均值高 37%，人均产值比平均值高 57%，股票市值的提升比平均值高 20%。这些公司对培训的投入通常是一般企业的 1.5 倍。通过培训将价值链的每一环节都整合在一起，打造职业化团队，在不同职级的能力提升上进行全方位的培训，这些都越来越多地成为一线主管的责任，通过培训来不断提升团队能力，形成竞争力，为实现企业的战略起到重要的作用。

● 投资额度可多可少

公司营业额的多少用于培训为宜？在国内，企业一般都是把盈利额的 1%～2%拿出来做培训，而在国外，企业一般是把盈利额的 5%拿出来做培训。在很多外国公司，员工一进来就要参加培训，因为没有经过练习就要他参加比赛，容易输在“起跑线”上，而这些练习需要通过培训获得。

● 投资特质重中之重

从培训的角度看，如果你招聘的是营销人员，要重点培养那些具有目的性、重视成就、热爱工作、爱好竞争的人员，把任务交给他们，不用担心他们完成不了。同样，投资营销特质佳的员工，让他们获取营销能力，并将这种营销能力二次投资到营销实践中，从判断客户的类型入手，抓住客户的需求，促成待续购买，获取二次投资收益。

5.3.4 平衡培训与人才缺失的关系

一方面企业高速发展，企业的经营走在了前面，而人才的支持却落在了后面。企业急需通过培训来迅速提高员工的能力水平，实现企业平稳、可持续发展。另一方面，企业对培训投入很多，但并没有用有效的数据、内容或形式，证明培训业绩的正向产出。

● 应付导致缺失

“临阵磨枪”是很多企业应对组织问题的惯用手法。企业出了问题才想着培训，更有甚者，一些企业还存在“上司有病，员工吃药”的现象。培训缺少前瞻性、针对性，大量的投入付之东流，效果可想而知了。其实，培训不是打针吃药，有了病才想起来治，培训应是定期体检，防患于未然。

● 扬长更要补短

中国有句成语叫作扬长避短。企业培训究竟是解决扬长的问题还是补短的问题呢？这要由员工所在的岗位性质来决定了。例如：寿险营销等依靠个人特质，完成组织目标的岗位，以扬长为主。用其长处超越竞争者。在生产制造型企业，生产流水线的岗位讲究员工之间的联劳协作、团队制胜，那么补短是首要的，这就是我们常说的"木桶理论"，如果木桶木板长短不一，为增大容量，最经济的办法就是要补短板。

5.4　课堂必修的四大绝招

5.4.1　怯场不可怕，控制有道法

作为培训师，你在课堂上紧张吗？如果不紧张，当然很好，如果紧张，也不用怕。因为谁都可能出现这种情况，就算久经沙场的老将，也同样如此。

【例】某位年轻的企业内训师，有一次，当着自己的上司和老板的面讲课，一上来思路就全乱了，不知所云，两腿发软，课讲到一半就进行不下去了。不仅课没有讲好，还把老板给气坏了。

身为培训师，类似的尴尬一定遭遇过。过分的压力和紧张，会带来没完没了的麻烦，怎么去克服它呢？

无论是培训师，还是领导者，心理素质一定要好。尤其是高水平的领导，要有更好的心理素质。一般来说，经理人和老板的心态绝对不一样，老板必须是一个输得起的人，否则，只能当经理人。

培训师走上课堂，就和走上领导岗位一样，要有好的心态，要有"宠辱不惊，看庭前花开花落；去留无意，望天空云卷云舒"的思想境界。虽然大多数情况下我们还达不到这种境界，但是我们有许多技巧可以恰当地缓解压力。那么究竟如何去对付这种压力带来的紧张感呢？

1．有压力和紧张时的表现

当你紧张时，会出现哪些不良的反应？基本上会是心跳加速、口干舌燥、出虚汗、手发抖、两腿发软、心神不定、不敢正视、词不达意、盼望结束、大脑空白。

如果只出现了一两种上述现象，说明紧张状况还不太严重，只是代表你

有了压力。但是，如果同时出现 5 种现象的话，就说明你过分紧张了。通常情况下，适度紧张是有积极意义的。如果一个演员一点紧张感也没有的话，那他演什么都没有激情了。但是，过度紧张就会出现行为失常。

紧张是由外在的压力而引起的，压力会促使人身体中产生消极性的荷尔蒙，从而导致一系列的生理反应和心理反应。个人的心理素质和控制能力，也在很大程度上影响你的抗压能力和抗紧张能力。

2. 对付紧张的 5 种办法

我们可以用以下 5 种方法去释放压力，缓解紧张。

第一种，生理舒缓法。肌肉放松，呼吸调适。

第二种，心理诱导法。回想喜悦，预演成功。

第三种，自我解脱法。放开自我，身心投入。

第四种，压力转换法。正向推动，负向消弭。

第五种，超量准备法。准备充分，大量演练。

（1）令人无限放松的生理舒缓法

实现身心的放松，首先要对呼吸进行自主调节。先呼气，在头脑里想象美好的画面，然后再用力吸气。这样的深呼吸可以解决大脑空白的问题。从医学上讲，大脑空白是肾上腺素增加，加大了耗氧量，造成大脑供氧不足，暂时停止工作，从而出现大脑一片空白的现象。实际上，这是一种好现象，是人体的一种自我保护。所以深呼吸可以增加供氧量，使大脑正常工作。

当然，生理舒缓法光有深呼吸还不够，同时要放松肌肉。只有肌肉放松了，身体才会舒展开来，才能解决紧张问题。否则，就算调整呼吸，还是会紧张。所以，培训师在上台之前，也要记住放松肌肉。这样，神经系统就会告诉你身体没必要那么紧张，肌体的协调性就会更好。

（2）从心开始的心理诱导法

如果在运用生理舒缓法之后，依然紧张，就采用心理诱导法——回想喜悦，预演成功。回想一些自己曾经经历过的最得意的事情，如回想以前在那么多人面前发言——既有领导，也有记者，你都可以从容面对，这一次也绝对没有问题。或者想，“我这次肯定会成功的，no problem”。你在心里默默地这样告诉自己，给自己打气，也能够收到比较好的效果。

（3）放开一切的自我解脱法

如果你还是觉得紧张，那就用自我解脱法——放开自我，身心投入，就是人们常说的“豁出去了”。把对自己的预期放下，先不管好与坏，没有压力自然就没有紧张了。

世界上最棒的汽车推销员乔·吉拉德曾经说过：“如果我成名之后，还是被名所累的话，我就再也卖不出去汽车了。所以我经常想，我还是没有成名的那个乔·吉拉德，还是那个在纽约街头流浪的人，还是第一次卖汽车，这样，反倒更容易成交。”

当你的自尊心是零的时候，你的自信心无限！丢掉面子，放开架子，豁出去讲，心里想着“我现在什么都不是，非官员，非领导，非老板，我就是一个讲师”，这样，你反倒会放松。

（4）反客为主的压力转换法

如果这些办法都不管用怎么办？还有一个解压技巧叫作压力转换法——正向推动，负向消弭。正向推动，就是把压力当作自己的动力，也可以认为是挑战。一般情况下，凡是在有压力的时候，都是你应该出彩的时候。例如，给学员讲课时没有压力，但是领导来了，就会产生压力，而随着压力而来的——是机会，如果你表现得好，就会给领导留下很好的印象。

作为培训师，很多时候压力源自于学员。因为有许多学员坐在下面，培训师才会感到紧张，把这样的压力还给学员，这就是负向消弭。假如现在刚上课，你心里很紧张，可以这样开头：

今天要和大家探讨一个话题，叫作“因成就他人而成功”。什么叫作成功呢?请大家思考一下，并回答我。

一般情况下，大家都会低头思考，然后你再进一步追问：

张××同学，请你来回答，什么叫作成功呢？

于是，大家把眼光都投向张××了，压力也自然转到他那里去了。所以，要学会用这样的技巧，尽量不要一开始就让大家的注意力都集中在你的身上，你就会轻松许多。有些培训师不会用技巧，一上台本来就紧张，还喋喋不休地在那里详细地介绍自己，看到大家都盯着自己，他就更紧张了。所以，紧张的时候，就不要过多地介绍自己，而是要转移学员的注意力。

（5）胸有成竹的超量准备法

运用技巧并不能解决根本问题，如果你老是用技巧，就意味着你功力不足；功力好的话，根本不需要运用技巧。技巧是培训师讲课中的“佐料”。一个优秀的培训师，会越来越多地用“清蒸”的方法。例如，同样是做鱼，一个新厨师做不好，就会放许多的辣椒，再放些糖，来个红烧的，于是就有滋有味了。但是，厨艺高明的厨师，就会用清蒸的方法，放点盐，但鲜味十足。所以作为培训师，如果经常用技巧来缓解紧张的话，那就是有问题了。其实，解决紧张的根本办法是充分的准备，超量的准备。

1 天的课程内容至少应该准备 5 天。因为每个人都会有遗忘率，好的培训师也有 20%的遗忘率。所以，如果你准备了 100%，用的时候忘了 20%，心里就会没有底了。有些新培训师讲到一半，就想不起来接下来要讲什么了，大脑一片空白，着急得汗流浃背；还有的培训师，半天的时间把一天的内容全部讲完了，该重点讲的却没讲。而有了超量的准备，即使忘了 20%也不要紧。

还有，如果你准备得很多，就可以用“写意聚焦法”了。所谓写意聚焦法，就是在短时间内讲大量内容的一种技巧，在内容丰富的前提下，聚焦你的精彩点做详细讲解。

例如，平常要将 5 个问题都讲完，可能需要一天时间，现在这一天的内容用两个小时来讲，那你讲的肯定是高度概括，大部分都是精彩点了。一开始的时候，应该串讲，该讲的都提到，但点到即止，然后聚焦在最后两个最精彩的问题上，那课堂效果就会非常不错。大量的准备，能令你游刃有余，所以，在培训师这个行业里，有句话叫“准备比资历更重要”。要用你的一生去准备。

人的一生中难免会走弯路，时过境迁后常常会想，如果我当初不走弯路，现在会更成功。其实不然，不走那些弯路，就不会有这些体验。不要以为以前的经历是浪费时间，没有以前的体验，就没有积累，就很难成为一名出色的培训师。

5.4.2 掌控课程主题，主动引导

教学失败往往是由于培训师对课堂的掌控能力不足造成的。那么，什么

是培训师的掌控能力呢？就是培训师通过引导、组织、评价、调节，确保达成教学目标的能力。

一个培训师，要达到与学员之间的教、学互动，就需要具备掌控的能力。掌控能力的要素，可以概括为主动引导、临场应对、系统把握。

1．主动引导，其实答案在每个人心中

掌控能力的第一要素叫作主动引导，要求培训师在教与学的互动问答中实现引导。这种互动问答，往往是老师问学员答，学员问老师答。在这个过程中启发心智、掌握新知识。这种互动问答最早来源于苏格拉底教学的谈话法，又称问答法，还称为产婆术，比喻为思想接生。这种方法引导学员学会逻辑思考，形成正确的思想。

【例】苏格拉底看到一个瘸腿的乞丐，问他："你为什么要沿街乞讨？你不能做些更好、更荣耀的工作吗？"

乞丐说："因为我残疾，我只能做这些事。"

（一般人会质问："那不对呀，很多残疾人也做出了惊天动地的事业，你为什么不能呢?"苏格拉底就不是这样问的）

苏格拉底问："那残疾人就必然不能做大事吗？"

乞丐说："是。"

苏格拉底说："那斯拉夫法官残疾吗?"

乞丐说："残疾。"

苏格拉底说："那斯拉夫法官为什么做了大事呢?"

乞丐说："嗯……"

苏格拉底说："那斯拉夫法官做大事是从什么地方开始做起的呢?"

乞丐说："哦，我明白了，他从学习开始的。我愿意拜您为师，跟您学习。"

就这样，通过问答把被问者引导到答案上来。在上例对话中，苏格拉底几乎什么也没有说，而是通过提问得出答案。其实答案就在每个人心中，只不过学员不善于问自己。学问学问，因问而学，培训师主动引导，要从向学员发问开始。

（1）连续发问——把跑偏的思路拉回来

课堂讨论时经常会出现跑题的情况，可以通过不断发问达到引导学员的目的。例如：某堂课的主题是"学习很重要"。但是，学员研讨谈了半天，得出的结论是“如果老师教得不好，那么肯定学生学得差”！这时候就需要培训师通过 3 个提问，来引导学员回到专题的主旨上。

【例】一问：“大家注意到没有，同样的老师讲同样的课程，为什么学员的理解会不一样呢？”

二问：“同样的父母培养出来的孩子，为什么有的会有出息，有的却一辈子庸庸碌碌呢？”

三问：“面对同样的老师、同样的教学环境、同样的课程，学员为什么会有不同呢？”

通过这一气呵成的提问，把学员的思路引回来。这种用提问进行引导的方式，要比培训师说“你们得出的结论错了，学员的能力更重要”更容易被学员接受。

（2）随便提问——自己送给自己的陷阱

作为一位专业培训师，课堂提问是要有技术的，不可随便发问。一个没有经验的培训师，很可能在问的环节中，给自己挖了一个陷阱。我们曾经遇到过一个案例：一位培训师为保险业的寿险营销人员讲授《员工激励》的课程，在课程导入时，因为一个提问而“砸”了场。

【例】一问：“各位学友，请大家思考一下，成功的形式有哪些呢？”

二问：“个人成功是成功的唯一形式吗？”

三问：“如果一个人永远不能获得个人的成功，会不会就是不成功的人呢？”

四问：“在这个世界上，我们会看到那些在个人技能上处于二三流的人物，却是第一流的成功者，因为他帮助别人成功。例如，刘翔的教练。因帮助他人而成功，是不是一种更卓越的成功形式呢？”

五问：“我们寿险营销人员就是投保人的生命教练。因带给他人保障、帮助他人而成功，这样的成功是不是值得我们全情地投入呢?”

很多时候，培训师提问不是真的向学员要答案，而是通过不断地问，引导学员到达教学目的地，如果培训者不懂得这种技巧，就会问“神”问出““鬼”来。

（3）5 种经典的提问方法

为什么培训师要问一些地球人全都知道的问题？往往是出于检验、强化、引导的目的，因为这是教学掌控非常重要的环节。一般来讲，培训师在课堂上会有 5 种提问方法。

① 整体式

对群体对象提问。这种提问与特定式提问往往是对提问的对象来说的，指向是学员。

【例】“经过两天的学习，相信大家会有好多感悟，谁能告诉我，你最深刻的感悟是什么？”

② 特定式

对特定对象发问。

【例】“请这位学员回答一下，沙盘式教学法的要义是什么？”

③ 开放式

启发多种思路的发问。大多数是针对提问内容来说的。

【例】“大家好，每个人都有梦想，谁能告诉我，实现梦想要做哪些准备呢？”

④ 封闭式

限定答案的发问。在课堂上，因为每个学员的思路不同，每个人的感受是不同的，理解也是不同的，答案会五花八门。所以培训师问出一个问题，会有许多答案，这时就需要来限定。

【例】“我们每个人都有梦想，为了实现梦想，我们要有能力上的准备，而且还要掌握相应的资源。请问，哪一种更重要呢?”

⑤ 修饰式

强调情感色彩的发问。这种提问更多的是自问自答，带有强烈的感情色彩、它更多地是为了强调不言自明的答案。基本上是非常强势地引导学员，说出培训师想要的答案。

【例】“像这样道德败坏的人，还能成为我们的朋友吗?”

在课堂上的提问，是为了达到检验、强化、引导的目的。不要把它变成压迫学员的手段、给学员施加压力的工具。试想一次培训，培训师总是说“是不是？行不行？好不好？对不对？”就会过犹不及。当然，有的培训师频频发问，甚至用咄咄逼人的方式发问，是为了吸引学员的注意力，减少思想“溜号”。但培训师可以用更高明的方法，不要搞得学员很紧张，否则，这样的培训谁还愿意参加？

2．会问更要会答

在课堂上，有问就有答，培训师问学员答，学员问培训师答，这里重点强调培训师怎么去回答。回答是为了达到告知、解释、扩展的效果，具体方法有 5 种。

（1）直接式

对问题进行简洁的回答。

【例】问："什么是课堂讲授法？"

答："就是以讲解、提问和回答交流学习内容的方法。"

（2）描述式

对问题进行具体的回答。

【例】问："什么是管理？"

答："发挥他人作用达成组织目标的活动就是管理。管理与领导不同，管理更多的是整合组织内部资源，领导更多的是整合组织外部资源；管理与经营不同，管理是为了出效率，经营是为了出效益。"

（3）附和式

先肯定再修正的回答。在很多情况下，培训师并不赞成学员所持的观点，可以先肯定再婉转修正，这样更容易让学员接受。

【例】学员问："在培训中，培训师的教与学员的学哪个更重要？"

有人答："培训师的教更重要！"

附和式回答："培训师当然重要，师者，传道、授业、解惑者也。"培训中，培训师处于主导的地位。但是在成年人的培训中，我们经常会看到，同样的老师讲授同样的内容，学员所得却不同，所以，在教的因素不变的情况下，学员的学更重要，培训师讲得好，不如学员听得好。

（4）拒绝式

婉言拒绝回答。在外交中最普遍的就是：无可奉告！但培训师不能这么说，培训师和学员是亲密的师生关系，不能用外交辞令，培训师在台上讲无可奉告，台下的学员就会忍无可忍，培训师要懂得婉言拒绝。

【例】学员问："什么是管理？"

答："这个问题我们的课程没有涉及，如果你对这个问题确有兴趣，我愿意课下和你单独探讨。"

（5）反问式

将问题交还给提问者或第三方。

【例】 学员问："什么是管理？"

答："你能不能谈谈，你对管理的理解？"

或答："在座的哪位学友，可以回答这个问题？"

3."路人甲""一号"一个都不能少

第三个要素叫作系统把握，在整个课程中，既要把握好内容，又要把握好对象。

（1）关注学员的感受

要想有效地掌握培训现场，首先要从课程设计下手。设计课程，并不是按照知识的关系进行设计，而是按照学员的感受去设计。

① "添删"自由

要把知识体系重新划分。例如，在课堂上有的内容特别枯燥但是必须讲，那怎么办？对内容进行稀释是最好的办法，讲解的中间加着讨论，让节奏缓下来。有的内容特别精彩，为了配合学习的内容必须讨论，但如果学员聚精会神，领会得又比较好，培训师就要减少研讨，保持学员听课的愉悦感。

② "肥瘦"搭配

如果可能的话，要把特别难懂的和容易懂的内容搭配起来。这就好比吃肉，都是瘦肉，吃着也没有意思，都是肥的，吃得也"腻"。如一天的课程，上午第一节必然是使用讲授的方式，课休过后可以加入一些案例分析；但是，一般午休后的第一节课是最难过的，通常可以采用演练法，通过演练课题度过疲劳期。

③ "高低"有别

学员有职级的不同，高职级的学员一般非常反感游戏演练，而喜欢讲授的方式。而低职级的学员则倾向于游戏互动。职级越高越喜静，职级越低越喜动；职级越高越喜智，职级越低越喜行，课堂上要关注学员的感受，有策略地进行掌控。

（2）外训掌控"路人甲"

培训课堂上同样众口难调，培训师要抓住学员主要的倾向，不可能一次课程就满足所有学员的要求。如为企业外部经销商做培训时，经销商来自不同的地区，如何让这些学员满意？关键在于折服、掌控人数占大多数的学员。

哪怕这些人是“路人甲”，只要人数众多，就决定着效果的总体倾向。

（3）内训掌控“一号”

对企业进行内部培训的时候，课程效果评价的主倾向，更多的是由各层级的“一号”领导决定的。“一号”就是我们常说的关键人物，如果“男一号”、“女一号”都认为课程不好，就会影响到全体学员的倾向。所以培训师进行内训的时候，就不要以数量判断效果，而要以主导性学员的倾向作为判断标准。

5.4.3 突发状况，七大手法应对

培训师课讲得多了，就会知道，无论准备得多么充分，无论什么级别的培训师，在课堂上，都有可能会或多或少地出现一些失误。例如，思维短路，暂时忘了你最熟悉的东西，或者不小心讲错知识点，遭到别人指责等。如果经验不足，对这些小错误处理不当，会严重影响课堂效果。

那么，如何做到心里有数，处乱不惊？这就要求我们事先能够预见这些能给人带来麻烦的问题，掌握随机应变的对策和方法。一般来说，课堂现场容易出现的问题有以下几个方面：内容出现错漏、气氛比较沉闷、故意挑衅找茬者、遇到行家高手、课堂秩序混乱、学员总有质疑。那么一旦出现这些情况，我们应该如何应变？

1. 内容出现错漏怎么办

假如有一个地方我们讲错了，当然可以大大方方地说：“同学们，对不起，我讲错了，我重讲，行不行？”但这是一种态度，而不是技巧，错了当然要更正。例如，但有的时候仅仅错了一个词，无碍大局，可以忽略，完全可以不用更正继续讲下去。在调研中我们发现，有的培训师总是纠正自己的错误，结果纠正得学员都没有信心听课了。

镇定自若，巧妙纠正，这是我们应该掌握的技巧。如果培训师发现一个观点讲错了，更正也要有技巧：“刚才我讲到了这样一个问题——人力资源经历了几个阶段，我说经历了两个阶段，我说得对吗？”下面有学员可能会说还有一个阶段。其实本来是你讲错了，可是这样将错就错，既纠正了自己的错误，又变成了一种教学资源。这样做就比“哎呀，同学们，对不起，我漏掉一部分，现在我把它加进来”要好得多。

2．气氛比较沉闷怎么办

有时我们会遇到学员打瞌睡、走神。其实，走神的学员也就一两个人，其他人都在聚精会神地听，结果你做了提醒的多余动作，反而使得所有的学员都走神。学员偶尔走一会儿神是正常的，面对这种情况，不要管他，继续讲你的就是了，因为要让所有人都聚精会神，也是很困难的事。

有时，课堂上有手机铃声响起，老师高声制止，似乎是表现了一种威严，其实，这不聪明，等于破坏了自己的教学计划，老师应该更具备抗干扰的能力。学员交头接耳，也是好事情，他听得兴奋时当然想和别人交流一下。有的学员课上睡觉，培训师也可以大方一点，只要他别打呼噜就行。当他小睡一会儿后，一旦恢复精神，听讲可能更认真了。所以，培训师千万不要太在意个别学员的这些不良表现，泰然处之即可。

3．遇到挑衅找茬者怎么办

做培训师的如果不遭遇到挑衅找茬的人，那反倒奇怪了，遇到这种情况千万要冷静。有时候，应该认为挑衅找茬是一件好事，当学员把一个球踢过来的时候，你如何接球？这也是一种教学方式。人无笑脸莫开店，人无肚量莫讲课。碰到挑衅很正常，坦然面对就是了。

我就遭遇过这样的挑衅。有一个学员站起来说："老师，我没听明白。"于是，我就给他重新讲了一遍，他接着说："老师，我还是听不明白。"我就想，他可能是抽象型的，又给他做了理论分析。可他接着还说没听明白，我就明白他是挑衅找茬型的。于是，我就向他提问："我们现在是成人的培训课堂，当然成人的基础和水平都不一样，那么在一个课堂上有 90%的学员听懂了，有 10%的学员听不懂，那怎么办呢？"他没明白我的用意，就很干脆地回答："放弃他。"我说："好，那我现在就要放弃你。"大家一笑了之。

4．行家高手出场怎么办

有时候培训师也会遇到真正的行家里手，也许他的经验比你更老道，他的学识比你更深厚，甚至他的思维比你更清晰，他会在恰当的时机抓住你的漏洞，然后一下击中你的要害。

遇到高手怎么办？正所谓不打不相识，这时候你就可以教学互动了。因为真正的高手都不是恶意挑衅，只是点到为止。此时互相尊重，让他把高招亮出来，作为大家共享的资源。你可以说："你是一位高手，请上来，我们大家一起分享你的观点。"虚心求教更能体现培训师的高尚品德。

5. 课堂秩序混乱怎么办

找出根源，以静制动。有时候，一个问题就可以导致课堂秩序的混乱，大伙说个没完，一片混乱。你大喊安静，还是制止不住，怎么办？这个时候，你千万不能慌乱，而是看看问题出在哪里，找出“病根”才能对症下药。

如果实在控制不了局面，那就索性不讲了，默默地看着大家，这个时候往往会收到很好的效果。大家都看到你不说话，就会马上安静下来，他们会想，老师不说话，是因为我们确实做得有些过分了，于是会重新专心听讲。

6. 学员总有质疑怎么办

要具体分析，主动引导。有的时候，培训师讲得不一定明白，甚至有不完善的地方，那学员当然会质疑：“老师，不对啊，不应该是这样，应该是……”有的培训师遇到这样的情况，就喜欢固执己见，说本来就是这样，学员没听明白。但学员并不买他的账，弄得培训师下不了台。

其实，学员质疑说明他在认真思考，这是很好的事情。他提出质疑，那我们就应该具体问题具体分析，如果是他没听明白，那就再主动地详细讲一遍给他听。一般来说，培训课程经过精心设计的话，要相信自己不会有太大问题，这个时候要理清自己的思路，引导学员，达成认识上的一致。当然，如果真是出现错误，就像前面说的那样，要尽量镇定自若和巧妙纠正。

7. 自助者天助

我们说的这些教学技巧中，最好的技巧是求助学员。例如，当你遭遇到严重挑衅的时候，自己救不了自己，那最后一招就是求助于学员：

大家认为，这个问题我们还有必要继续讨论下去吗？

其实，大多数学员是公正讲理的，就会说：“算了，算了，老师接着往下讲。”大家都是花了钱听课的，谁也不愿意有一个人专门和老师纠缠。这种情况下，最重要的是培训师自己的心理素质要好。

如果你频频遭遇挑衅，经常出现错漏，课堂气氛经常沉闷的话，那怎么办？那就不能继续讲了，这只能说明，培训师的水平可能还不够。其实，一门真正优秀的课程，是不需要用多少课堂技巧就可以很流畅地讲下去的，学员也很容易接受。如果频频用技巧，那就说明你本身的功力不够，需要深刻反思，做好课程环节的准备工作，其中课前热身演练是关键。自助者天助，这才是解决问题的根本。

5.4.4 精彩收尾，学员深省有收获

当课程进行到该结束的时候，怎么去收尾？收尾的作用是要使学员能够深化理解、强化印象、激发行动。一般有以下 5 种基本的结尾方式。

1. 综述结尾

今天我们一共讲了 3 个问题：第一个是“编”的问题，第二个是“导”的问题，第三个是“演”的问题。今天的课程就到这里。

这叫作综述性结尾，将前面的内容综述一下。

2. 提炼结尾

比综述结尾稍微高明一些，不仅仅是综述一下，还要对前面的内容进行提炼。

今天我们学习了战略管理，战略管理的基本含义是什么呢？什么叫作有战略眼光？8 个字：站高一层，看远一步。一个人有战略眼光，要比别人看得更高，至少要站在你上司的高度去看，要比竞争对手看得更远。

3. 呼应结尾

开头我们讲了如何成人，后面我们讲如何成己。

如此使得前后呼应。

4. 激励结尾

即在结尾时给大家展望一下美好的图景。

我相信，明天站在这个讲台上的，将会是最优秀的培训师。各位，今天你们是学习者，明天就会成为大师。

5. 悬念结尾

提出悬念，引发思考，给人意犹未尽的感觉。

今天我和大家分享了管理的 5 项技巧。这个课程的结果会是怎样的呢？我相信，大家会以实际行动做出一份圆满的答卷来。

当然，在大多数情况下，结尾都是上述的两种方法的结合。

禁忌的结尾方式有：矛盾式——讲话前后矛盾，让大家不知所云；仓促式——大家还不知道怎么回事儿的时候你就下台走了；冗余式——课程早就讲完，却还在那里胡诌没完，惹得别人很烦，甚至鼓倒掌轰你。

6 职业培训师修炼心得与方法

培训是一项系统的管理工程，永无止境的增效活动，职业培训师在培训过程中，很可能会有各种突发事件，有些让你来不及反应，有些让你非常纠结，不知道如何应付，接下来结合笔者个人的体会，进一步介绍培训需要修炼的心得与方法。

6.1 培训要满足客户的需求

培训师每一个成功的课程，都源自于对精准目标客户的定位。企业花钱让培训师来培训，就是要求培训师通过培训来解决客户目前的问题。例如，某企业品管部的员工的积极性不高，企业老板也束手无策，请培训师通过培训和制定方案来解决。因此，培训师要围绕客户的需求精准设计培训课程，以及解决客户问题的方案，并通过试行一段时间后，验证培训所能解决问题的效果。通常来说，调动品管人员的积极性，激励手段不外乎物质激励和精神激励两种，客户的真正需求是要解决通过品质管理，来控制客户投诉次数，降低质量损失，同时，让品管员围绕公司的品质管理战略方向，做出有成果的事情。并通过获得成果，来拿到按规定设计的物质奖励。这样就实现了培训的双赢。尤其是企业老板的需求要找准。这样培训成功的概率就越大，培训效果被认可的机会多。

同时一定要知道哪类客户群是你精准定位的目标，如果目标顾客不认同你的课程理念或方法，就意味着培训课程的设计失败了，或者有关键点尚未打通，这类客户群的订单要想尽办法拿下来。如果除此以外的客户，也就是你定义的目标客户群之外的客户选择你的培训课程，我们要清醒地知道，那是额外的，是捡到的便宜。而体现培训课程发展潜力的关键在于你锁定的目标客户群是否大量地购买了你的服务。

6.2 正确地做事和做正确的事

从发展的角度来看，刚踏入培训界的培训师，其实是没有话语权的，新手培训师一般处于执行层面，对新手培训师的要求是：听话、能干，这和军队的士兵一样，首长下命令，让你往前冲，不管前面有什么，你都得往前冲，因为没有讨价还价的余地。

正确地做事，即事情已经定了，让你去执行，这个时候你需要掌握的是做事情的方法、套路，要运用你的分析能力，解决问题的能力把事情做好。你只要把事情做得漂亮，实现预期的结果就可以，但很多人不太清楚自己的角色，基本技能没有学全，培训课程勉强过关，就在高谈阔论，趾高气扬。

铁打的营盘流水的兵，新兵逐渐变成老兵，新手培训师告别了昔日的摸爬滚打，在培训界成了精英，这时你正确做事的能力已经非常不错了，可能会更上一个等级，被公司聘去做参谋和高级顾问，做企业战略决策层面的事情，这个时候培训师可以选择做哪些正确的事情。

做正确的事情，说的就是选择，选择一件正确的事情，首先，分析事情是否是正能量的，方向正不正确；其次，选择要不要做这件事情，值得注意的是，做这件事情培训师具有选择权，你要对自己的选择承担结果，很多时候，在考虑这些问题时，我们要清楚我是谁，要成为什么人，目前在什么地位上，有什么样的能力，有多大的支配权，这样就很清楚自己，在日常的培训过程中，自己该干什么，不该干什么了。

6.3 掌握 PDCA 循环

PDCA 管理循环，由日本的高管们在 1950 年日本科学家和工程师联盟研讨班上学到的戴明环改造而成，最先是由休哈特博士提出来的，由戴明把 PDCA 发扬光大，并且用到质量领域，故称为质量环和戴明环。它是全面质量管理所应遵循的科学程序。它从本质上为培训师的执行提供了方法和步骤上的指导，使我们的工作方法和思想步骤更加条理化、系统化，是比较好的、实用的模型。

指引培训师的实施阶段，P（计划 PLAN），明确问题并对可能的原因及解决方案进行假设；D（实施 DO），实施行动计划；C（检查 CHECK），评估结果；A（处理 ACT），如果对结果不满意就返回到计划阶段，或者如果结果满意就对解决方案进行标准化。另外，要对实施的结果进行检查，成功的实验要加以肯定并适当推广和标准化，而失败的教训要加以总结，培训师必须通过 8 个步骤，持续改进，精益求精，实现培训升级。

第一步：分析现状，找出问题，强调的是对现状的把握和发现问题的意识、能力，发掘问题是解决问题的第一步，是分析问题的条件，培训的目的是为了解决问题。

第二步：分析产生问题的原因，找准问题后分析产生问题的原因至关重要，运用头脑风暴法等多种集思广益的培训方法，把导致问题产生的所有原因统统找出来。

第三步：确认主要原因，区分主要原因和次要原因是最有效解决题目的关键。

第四步：拟定培训措施、制计培训计划（5W1H）即：为什么制定该措施（Why）？达到什么培训目标（What）?在何处执行（Where）？由谁负责完成（Who）？什么时间完成（when）？如何完成（How）？在培训中让措施和计划具有可行性，尽可能使其具有可操性。

第五步：执行培训措施、执行培训计划：高效的执行力是培训师完成目标的重要一环。

第六步：检查验证、评估培训效果，让客户满意才算有效果。

第七步：标准化，固定效果，标准化是维持企业管理现状不下滑，积累、沉淀经验的最好方法，也是企业管理水平不断提升的基础。是企业管理系统进步的动力。

第八步：处理遗留问题，培训不可能在一个 PDCA 循环中全部解决问题，遗留的问题会自动转进下一个 PDCA 循环，培训要传授后续解决问题的方法。

6.4 平衡好速度与完美

互联网和智能化时代讲究得是速度，求快是一定有原因的，对于培训师而言，市场机会稍纵即逝，所以必须快速推出课程投放市场并进行试错，只有让客户检验了，才知道课程有没有价值，而对于创新课程而言，专业壁垒会越来越小，众多培训公司掌握了课程内容、用户和渠道，复制起来非常便捷，所以创新课程唯有通过保持领先，才有可能对付大鳄来袭，

因此在互联网时代，持续保持小步快跑，快速更新换代，培训师得沉下心来经营事业，快是没有错的，但也不能为了快而快，速度的快慢主要取决于环境和目标本身。

培训师在日常开发课程中，会犯一个追求完美的错误，追求完美本身是一件好事，但不考虑课程各个阶段所担负的使命，无穷尽地打磨细节就成问题了，通常替代很快的课程，往往细节都是有点粗糙的，因为只有生存下来

了，才有喘口气进行细节完善的机会，如果一开始就把过多的精力放在体验的本身，很有可能会失去课程快速投放市场的机会，所以平衡是美，需要兼顾好速度与完美。

6.5 看通、看淡、看远

以我 10 多年做培训的经历，应该怎么来看待这个世界，看待培训师的价值观呢？总结给大家“要三看”，即看通、看淡和看远。

第一要看通。很多同事或同学都知道我一直对佛学感兴趣，佛教讲前世今世来世，讲三世因果。今生今世的好有坏，都因为前世积德或者造孽。因此你没有什么好抱怨的，别怨天尤人，一切都是你自己前世的作为造成的。一切的一切，都从自己身上，从过去，甚至从前世去找原因，就不再有任何的抱怨，这就叫看通。正所谓，命里有时终须有，命里无时莫强求。牢记我是一切的根源。

第二要看淡。就是要做佛学里讲的八风吹不动，解释一下这“八风”。佛教里面讲“八风”，就是八个两两相对的东西：称讥，毁誉，利衰，苦乐。也称为四顺四逆，是人生的八种境遇。能够做到八风吹不动的，恐怕只有佛祖，凡人都很难。作为培训师也做不到八风吹不动，所以要逐步修炼，因此我认为，一个人，尤其到了一定的年龄，一定要看淡功名利禄。如果你对外在的东西太多的执着，而你自己的能力又不够，一定会非常非常的痛苦。少一点执着，如果要减少痛苦，可以从两个方向努力，一个是看淡你所执着的东西，一个是努力提升自己的能力，减少两者之间的差距。作为职业培训师的今天，要很快乐幸福！因为要学会看淡执着的东西，多多提高培训能力，做到大材小用就是没有痛苦的淡定。

第三要看远。培训师不要沉浸在过去的风光，也不要着迷于现在的成就，更要看远方。不能在看透看淡之后，啥事儿都不干。我们必须抬头看远，对未来美好的生活充满向往。用未来梦想的阳光，照进我们不太美好的现实，激励我们不断前行，决不能让自己过苟且的生活。始终保持成就大业的心永远不变，成就学生的心永远不变，成就客户的心永远不变。职业培训要学会写书，如孔子说，言之无文，行之不远。如果培训师只是讲，没有人像孔夫子的弟子一样，来记录整理培训师的讲学，那么好的思想，好的理论，好的智慧，也会随风而逝，就不可能传之后世，发扬光大。

6.6 信息、理念、心态

培训师对同一件事情，之前看它和现在看它可能会不一样，昨天看它和今天看它也不一样。世界就是这么奇妙，没有绝对的对错，也没有固定的对错，很多时候事情都是动态发展的，人也不知不觉地处于变化和被变化之中，记得笔者在原上市公司上班的时候，最初和同部门的一个管理学研究生争得不可开交，势不两立，可到后来彼此就相互敬畏了，从心态来讲，我们不能非黑即白地看待事情。

很多时候我们善于判断，但不同的信息会导致我们具有不同的意见，或许我们会永远有盲区，当我们了解到某个知名培训师把一个课程讲到每场1 000万元的时候，我们会下意识地觉得他非常棒。但事后发现他们用了更高的开发成本，并且用了一些见不得光的手段，发出的就不再是赞赏，而是质疑。

很多时候，我们很了解别人，却对自己缺乏了解，开展培训项目难免发生冲突，当我们在说别人不是时，也想一想自己，多一份反省，就多一份认识自己，也会让自己更冷静和从容地面对遇到的问题，同时多一份包容和理解，会获得更多的合作伙伴，结交更多的同行朋友，互相分享交流，共同促进提高，成为一名出色的职业培训师。

读者意见反馈表

亲爱的读者：

感谢您对中国铁道出版社的支持，您的建议是我们不断改进工作的信息来源，您的需求是我们不断开拓创新的基础。为了更好地服务读者，出版更多的精品图书，希望您能在百忙之中抽出时间填写这份意见反馈表发给我们。随书纸制表格请在填好后剪下寄到：北京市西城区右安门西街8号中国铁道出版社综合编辑部 王佩 收（邮编：100054）。或者采用传真（010-63549458）方式发送。此外，读者也可以直接通过电子邮件把意见反馈给我们，E-mail地址是：1958793918@qq.com。我们将选出意见中肯的热心读者，赠送本社的其他图书作为奖励。同时，我们将充分考虑您的意见和建议，并尽可能地给您满意的答复。谢谢！

所购书名：________________

个人资料：

姓名：________ 性别：________ 年龄：________ 文化程度：________

职业：________ 电话：________ E-mail：________

通信地址：________________ 邮编：________

您是如何得知本书的：

□书店宣传 □网络宣传 □展会促销 □出版社图书目录 □老师指定 □杂志、报纸等的介绍 □别人推荐

□其他（请指明）________________

您从何处得到本书的：

□书店 □邮购 □商场、超市等卖场 □图书销售的网站 □培训学校 □其他

影响您购买本书的因素（可多选）：

□内容实用 □价格合理 □装帧设计精美 □带多媒体教学光盘 □优惠促销 □书评广告 □出版社知名度

□作者名气 □工作、生活和学习的需要 □其他

您对本书封面设计的满意程度：

□很满意 □比较满意 □一般 □不满意 □改进建议

您对本书的总体满意程度：

从文字的角度 □很满意 □比较满意 □一般 □不满意

从技术的角度 □很满意 □比较满意 □一般 □不满意

您希望书中图的比例是多少：

□少量的图片辅以大量的文字 □图文比例相当 □大量的图片辅以少量的文字

您希望本书的定价是多少：

本书最令您满意的是：

1.

2.

您在使用本书时遇到哪些困难：

1.

2.

您希望本书在哪些方面进行改进：

1.

2.

您需要购买哪些方面的图书？对我社现有图书有什么好的建议？

您更喜欢阅读哪些类型和层次的人力资源管理类书籍（可多选）？

□入门类 □精通类 □综合类 □问答类 □图解类 □查询手册类 □实例教程类

您在人力资源管理过程中遇到什么困难？

您的其他要求：